自治体経営の人的資源管理

——福祉専門職における拙速な民営化への警鐘——

三宅　正伸　著

晃　洋　書　房

はじめに

大学には三つ使命がある。それは教育、研究、社会貢献である。自らの学術的好奇心に身を任せる研究に没頭したり、または社会変革を目指すと称して社会貢献活動にかかりっきりになったり、教育はそのついでに考えたりしているような大学教員がいたならば猛省してもらいたい。将来的な研究開発や今後の社会変革は自らの世代のみでなしうるものではなく、若い世代に確実に引き継ぐことが重要なのである。それが大学での教育の中身であり、「教示」(teach)から「学習」(learn)へ、そして「研究」(study)に達するまでを、教育学を専門的に学んだことが無く、その知識やスキルも十分でなく、初等教育や中等教育のように資格としての教員免許を有しない「教育者」が実行することの難しさを、大学において教員としての立場から学んだ。無免許運転の自動車の助手席や後部座席に、シートベルトもせずに乗せられた学生の心境をいまさらながら察することができる。

経済合理性を重視するマスプロ教育が、教室を教育商品の受け渡し場所と変えてしまい、教員は単位認定のための「教育マシーン」となりつつある。私たちの学生時代における座学は、教員が担当する九〇分間、実際は一時間ほどであるが、教員の話をただひたすら聞き、ノートを取るなりノートを購入するなりで、一年間終了時点の学科試験に備えていた。今ではレジメも用意しないような教員は、学生による授業評価では試験の時に困るとの意見を頂戴することになる。学生にとって良い先生とは、解答付きで試験問題も言ってしまうような「甘い」先生なのかもしれない。

私は大学教育においては今まで以上にカネと労力をかけるべきと主張する。私の授業では学生を寝させないとともに、問題意識を抱かせるように仕向けてきた。現在の経済合理性に適応する教員は、高校的「勉強」に慣れてしまった学生に、教員の解答のある「課題」を設問として与えていき、「学びを問う」教育になっていないように感じる。また、教員も人工的な「課題」や「発問」に馴染んだ者も多いため、試験問題がブランク埋めやマークシートでの選択で結果を評価し、「問題」のための「問題」が横行しているように感じた。これを解消しようと考えるならば、大学における授業は徹底した少人数にするべきであるが、学生にとっても経済的に卒業のための単位がほしいのが正直なところなのかもしれない。大学生の当面の関心事は高校教育で積み残されたところの「就職」にある。

私の担当する授業は、「今だけ、カネだけ、自分だけ」の実学に対する「虚学」であると自負している。その「虚学」が本当の実学となるには長いスパンと、本人の絶え間のない問題意識が必要とされる。つまり、自らが問題を設定して解決する努力を惜しまないことである。本当はその気持ちが読み取れる論述こそに単位を与えたいのである。それは講義終了時の試験結果だけでなく、授業時での平常点こそが重要であると考えている。一方、どの大学も就職に直接つながる「キャリア教育」なるものに力を入れ出した。確かに大学から企業に学生を円滑にバトンタッチすることも大学の責任なのかもしれない。しかしながら、大学で必要な教育は単に就職のための教育ではなく、就職した後の人生に必要な世の中の社会的矛盾に立ち向かえる力を養成することや、倫理観や価値観を固める支援をする職業教育ではないかと考える。あえて「虚学」を標榜するならば、自らの行う教育には手間暇をかけようと誓ったのである。

本書のテーマは大学教育ではなく行政経営なので、その点について触れてみたい。民主党政権においては「新しい公共」、現在の自民党政権では「地方創生」と称して地域住民によるガバナンスを煽っている。要するに、これからも複雑多様化する公共サービスに対して、単純一元化せざるを得ない行政サービスの矛盾を地域住民に担ってもらおうという論理で、もっともらしく補完性の原則などと称しているが、問題の根源は行政的なカネによるガバナンスに限界が生じたという上から目線の見方や考え方である。自治体経営さらに公共経営の観点から述べてみると、本来なら、公的機関による公助としての責任であるものが、地域社会での共助というところに転嫁されたのである。公助公益の公は不特定多数であるが、共助共益の共の意味するところは特定少数であってもかまわないのである。そこでの地方創生とは地域活性化と同義語のように使われているが、テーマ別アソシエーションの力によっての地域コミュニティ再建を図るような意味合いと受け取れる。どちらも共的空間を公的空間にすり替えたような論理で、官の統治の対象である被治者としての住民が自律的な市民的コミュニティを築くということならば分からないこともない。しかしながら、統治者としてはカネによらないガバナンスを求めているのみで、本来的な市民による地域マネジメントがなされてもよいと言っているわけではないと読み取れる。マネジメントとはその資源であるヒト、モノ、カネ、情報を地域主体によって使用できることが前提であるが、それではガバナンスが不能になる恐れを心配するのであろう。そもそもガバナンスとマネジメントの違いを説明できる行政研究者や行政関係者が存在するかも疑わしい。

もうひとつの疑問であるコミュニティとアソシエーションはどう違うのであろうか。この分野での古典的著書であるマッキーバーの『コミュニティ』によれば、「コミュニティとは「社会的存在の共同生活の焦点」であり、アソシエーションとは「ある共同の関心または諸関心の追求のために明確に設立された組織体」としている［MacIver 1917：邦訳 四五―五一］。そして幾多のアソシエーションの存在がコミュニティを成立させるのである。しかしながら、地域コミュニティすらテーマ別アソシエーション化しており、本来、アソシエーションである現代日本人の生産地点である職場がコミュニティ化していることは皮肉としか言いようがない。その論理の行きつく先は、社会の最小単位である家族か、塀の中の刑務所囚人にしかコミュニティ空間が存在しないということになる。それよりも多様多元化した現代社会においてのコミュニティ再建などというノスタルジックで欺瞞に満ちた表現は使用不可なのかもしれない。

そのような状況の中で日常的に施策実行を行っている自治体職員の立場は、中央官庁において政策立案を担当している官僚よりも重要と考えられる。現場に近いところこそ先端と表現することが可能で、中央官庁の官僚こそが時代の先端的政策を考えられるなどという表現は幻想にすぎないと考える。カネを中央が握っている集権的な日本のガバナンス構造は、カネを伴わないガバナンスの分権化以外の何物でもなく、それは中央集権の分散化であると考える。自治体職員が中央集権的なガバナンス構造における上下関係で行政を見たり考えたりせずに、自己啓発による知識とスキルを現場での経験に合わせる地道な努力こそが必要と考えるのである。田尾雅夫の近著では従来の行政学による合理性よりも、経営学上の非合理性である組織論でそのモチベーションの源泉を解き明かそうとしている［田尾 二〇一五：一―一二］。まず地方公務員の公務とは役所で行う仕事だけであろうかという疑問である。言いかえれば、そこでのヒトという経営資源に合理的な公私の分かれ目があるのかということになる。また、職務に賦与されている権限が限定的なものであるならば、どこまでが公務職権であろうかという問いである。地域社会への愛着という主観的な価値が、合理性や科学性という自らに課せられた規制と背反しないかという大きな観点である。

行政的には前記のことを考えつつ、地域社会における大学の使命として市民的公共性に基づく教育、研究、社会貢献がなされなくてはならないと考える。その大目的は市民の市民による市民のための共生地域社会を築くことであり、その中で繰り広げられる公共経営なのである。地域の大学にとって何よりも重要なことは、共生地域社会での次世代を担う人的資源の確保であると考える。それを問題が生じてから、問題解決型に人的資源管理を始めるようなことでは間に合わないのである。今後予想される問題を考えられる力と、それに対して解決していける人材の確保なのである。

二〇一六年三月、恩師である西川清之先生が龍谷大学を退職される。門下生の集まりである「現代人材マネジメント研究会」においてご指導をいただいたことは、私にとっては紙面を借りての謝意では語り尽くせないもので、学術的なフレームワークにとどまらずに、私の人生における重要な御鞭撻を賜った。お世話になった門下生による出版を計画したが、退職の日に届けることはできない状況となっている。現在、先生のお考えを継承するように出版を門下生で進めているが、この本はその出版予告に匹敵するものであると考えている。

二〇一五年一一月

三宅正伸

目　次

序章

自治体経営の背景と問題点

二〇一一年三月一一日一四時四六分、日本人にとって未曽有の災害が起こった。東日本における死者・行方不明者、その後の震災関連死も含めると三万人に至ろうかという大震災である。地震発生から大津波の到来、そして原子力事故、さらに政府の対応の不手際と、天災と人災が重なった最悪の災害となっている。[1] 新聞テレビなどのマスコミ各社は避難所に収容された被災者の「全国の皆様にお力をいただき、感謝しています」との言葉を繰り返し報道しているが、余震の続く中での避難所において見も知らずの人と隣り合わせの不自由な日常生活によるストレスが極致に達して、「行政は何をしているのか。いつまでこのようなところに押し込むのか」という怒りの声を伝えていない。もう怒る元気も消えてしまったというならばこれも問題であるのだが、テレビで伝えられた限りでは、地域の人が避難所から遠方の一人暮らしのお年寄りのために救援物資を届けていて、「こうなると行政は何の力にもならない。自分たちで頑張らなければならない」と、いわば諦め顔で怒っていたのが唯一であった。もちろん、政府および自治体の行政機構も甚大な被害を受けて機能不全に陥りつつも、避難所までの救援物資のラインを確保していることは承知しているが、そのようになることも想定しての不断より共に生きるまちづくりに取り組んでいたかが、行政の真価であったように思えるのである。かつて流行した事業仕分け作業において、百年に一度のことのための予算が緊急性を有するものであるかは意見の分かれるところと考えられるが、たとえ千年に一度のことであっても、重要な課題と思われる将来のための事業を予算的に廃止するとの結論は早計であると考えられるのである。少なくとも、文明国家を標榜する日本において、緊急避難といえども「難民キャンプ」のような人権問題化しそうな避難所に、多くの行政を信じていた人びとを押し込めるしかなかったことは、まさに今後の行政課題と言える。

千年に一度の万里の長城と揶揄されるかもしれないが災害から人命を守るハード事業、そして災害時においても共生共助を考えたまちづくりに対する行政の支援活動というソフト事業を実施しておかないと、昔の日本の良さを残した東北地方のような顔の見える地域ですら困難となっている現在の状況が、もしも匿名の群衆で構成されるという大都市で生じたならば、行方不明者の把握すらできないのではなかろうかと困惑するのである。それとともに、行政が無機質な仮設住宅を建設して、公平性と平等性の原則に基づいて申し込み多数による抽選などにて入居を考えても、この状況は被災者にとっては緊急避難的な妥協以外の何物でもないと考えられる。というのは、避難所に身を寄せる被災者たちは顔見知りの住民同士による元通りの日常生活を望んでいるからである。原子力事故の被災地のように、もう元通りにはならないと言うことを認識できていても、長年によって築かれた人と人との関係性を断ち切りたくないというのが、偽らざる住民感情なのである。元通りにするから我慢しろというならば、期限を明確にすることが行政の信頼回復には必要なことである。行政は復興計画において百年千年の計により、海岸線を国有化して住民をより安全な高台へ移住させるぐらいのハード面でのまちづくりを考えてでも、(2)ソフト面において関係性の貧困に陥ることのないように考えなくてはならないのである。あくまでも「地域の利益」が優先なのである。この顔見知りの関係こそが、大都市においても行政が支援しなければならない課題と考えられるのである。そうでなくても、少子高齢化による核家族化が進むことによる都市に住む単身者の増大は、失業や定年退職などによって職業による職場の縁がなくなった時、多くの単身者は無縁社会に投げ出されると考えられるのである。

ここで、自治体職員は行政担当者として培った知識やスキルを地域に還元する必要があると考える。今後、自治体職員の居住する地域や自らが関与するＮＰＯの存在する場所で、「まちづくり・ひとづくり」の中心的役割が求められることを想定して、行政がそのようなことを在職中から支援する仕組みを構築しなければならないと考える。自治体職員の各々がそのような使命感による自覚を持つことが一番期待されるところであるが、少なくとも、自治体としてもそれを誘導するような人的資源管理上の制度的仕組みを考える時期に至っていると思慮するのである。[3]たとえば、職務上の人事評価をする際での加点項目とすることや、兼業禁止規定を緩めての公益的な営利組織や非営利組織への参加参画の緩和すること、さらに使命感や自らの良心に従った行動ができるような市民的公共性の認識での現場への権限移譲などが必要であろう。このようなことは地方公務員法を改定するまでもなく、各自治体の裁量でなすことが可能と考えられる。そのようにならない阻害要因は「本気度」の希薄さであるとみられても仕方がないものと考えられる。まずは、公務員が日常業務で使命感の薄い良心に反するようなことに遭遇したならば、自らの行政組織の改革に乗り出すべきと思慮するものである。特に自治体が自治体であるためには、市民生活の現実に合わせた公務における現場公務員の裁量こそが、その公務の自治性を高めることになると確信するのである。自治体職員の仕事の成果はその組織の外部にあると考えられるため、行政内部から外部環境を管理しようなどと考えることは間違いであると考えられる。むしろ、行政組織外部にある市民活動の実態を知るため、その現場に赴き支援し、さらに協働する姿勢こそが正しい方向性であると考えても間違いのないところである。自治体職員が行政活動にて獲得した知識やスキルを市民活動に出し惜しみすることなく全力投入することを、職務に専念する義務違反などと制限することは本末転倒の発想であるし、少なくとも退職者については市民活動に積極的参加を義務付けるような仕組みがあっても不思議なことではないと考えるのである。この義務付けとはきっかけであり、もちろんその後は個人の自発性と良心に任せることは言うまでもないことであるが、行政の「本気度」を住民に見せて、自治体職員が有している住民へのパターナリズムの考えを否定することから、机上のポリシーは現実のマネジメントへ変身するように思えるのである。そのような気持から、本書を展開することとするのであるが、なにゆえに人的資源管理であるかを説明しておかなくてはならないと考える。

一般的に公務員が行っている公務は、民間の仕事に比較して、不経済な要素が多く非効率的であると考える人が多い。また、民間では商業ベースに乗らない経済的でなく効率的でもない仕事を公務員が公務として引き受けているのであると、やや現実の公務員に好意的に考えて、その不経済なことと非効率なことを容認する人も少なくはない。これらの考えはそれぞれ一面的には正しく、また他方では大いに修正の必要なところであると考えられる。たとえば福祉について、なぜ公務員の公務となっているのであろうか。それは公共性が高いからであると一言で片づけることも可能であろう。しかしながら、複雑多様化した福祉サービスを公務員の公務として行っていくことは限界に達しているのである。その限界とは、ひとつはよく言われる財政的制約においてである。もうひとつの隠れた制約要因は人的資源である。確かに公務として考えられるが、営利企業やＮＰＯ等の民間に任せるほうが当事者である利用者のためになると考えられる福祉も存在するので、公務を公務員が独占する必然性もないのである。ただし、あくまでも当事者である利用者の利益につながることを前提にした公務の民営化であり、同じ民営化でも民間経営化というよりも市民経営化である。福祉サービスを必要としている当事者を無視するようなサービスの供給側の論理によって民営化が進行するようであるならば、公共性の質的変化といえるものであると結論づけられる。少なくとも、公務員による公務、さらに論を進めれば、公務員は不経済で非効率であるから公務を民営化しようという論理と、福祉における公共性の問題とは次元の違うことであると考えるのである。前者の公務員の問題は自治体においてはその経営における人的資源管理の問題と考えられるし、仮に福祉は不経済で非効率と考えても行わなければならない理由はその公共性にある。福祉が非公共的であるとの結論に至ったならば、その考えは大きな間違いであると考えるのであるが、営利企業が受益者負担の原則において質の高い福祉を提供すればよいのである。その世の中の変化に適応できなかったものはまさに死に絶える運命にある社会的ダーウィニズムを、強い個人の自助論の中で展開すればよいのである。行政をこのような劣化したマネジメントにすることには与することはできない。市民的公共性の中での福祉を自治体経営における人的資源管理によって、福祉に関しては利用者こそが当事者であるとの認識のもとに、社会問題解決のために自治体を変革し、自治体職員の「本気度」を引き出す人的資源管理は可能であるかを問う書にしたいと考えている。決して、現在の自治体や自治体職員のために社会そのものを変えようというような大げさなものではないことはおことわりしておくが、自治体経営や公共経営の観点からは上から目線の量的なガバナンスよりも、人間性に基づく当事者目線の質的なマネジメントが必要と考える意図で論理展開するものであることは前置きとしておく。

⑴　公務員制度改革と人的資源管理

日本の戦後の公務員制度改革の歴史からみると、二〇〇一年一二月二五日の「公務員制度改革大綱」の閣議決定は重大な意義が存在するものと考えられる。ここでの重大な意義とは、国家公務員法制定時におけるＧＨＱの考えと日本的風土の齟齬、一言で言えば公務におけるマネジメントでの職務主義と属人主義の齟齬の解消を目指したものと考えられるからである。つまり、現在問題視されている能力主義や業績主義は一九四八年一二月三日公布施行の国家公務員法の中の職務職階制度や成績主義として存在していたのであるが、それが実施されえない情況が続いていたのが偽らざる事実である。国家公務員法における人的資源管理を実施段階での一九四八年五月公布の給与法にて骨抜きにしていたのである。民間企業における給与では、生活給の電産型賃金を主張する労働組合が終身雇用と年功的処遇を連動させることに成功していて、時世は「逆コース」と言われる民主化への制限に向かいつつあり、絶対的権力を有するＧＨＱも間接統治の利点を考えつつ強権発動を控える曲がり角にあったと言える。これも言いかえれば、中央集権的な統治制度復活を目指す日本の官僚と官僚主義のしたたかさにあったと考えられる。しかしそのことが結果的には正解であったかもしれないのである。占領後は日本の支配階級になる官僚もそれに対する労働組合も、アメリカ的な職務主義や成績主義を欲していなかったのである。この公務員における日本的雇用慣行が、日本における人的資源管理の主流となりえたのは言うまでもないことである。

今回の「大綱」全体についての評価をどう考えるかはそれだけで重要な課題であるが、人的資源管理の面から考えると、従前の横並び年功的処遇を改めて、能力等級制導入まで踏み込んだ能力主義と業績主義への扉が開けたことの意義である。というのは、公務員批判の中枢であった「悪平等論」を超えて、「信賞必罰論」の上意下達型成果志向の行政経営論に踏み出しているからである。「遅れず、休まず、働かず」的公務員は懲戒の対象にならなくても、組織改編を理由にした分限免職の可能性があって、研修による人間改造になじまない者をカネの力で排除する根拠を与えているように読み取れる。また、独立した機関としての人事院が単なる苦情処理機関になってしまうことは大きな問題点である。人的資源管理の観点からは評価者の資質が第一と言わざるを得ないところである。

一方、一九九五年に、当時の日本経営者団体連盟は『新時代の「日本的経営」』(新・日本的経営システム等研究プロジェクト報告)を発表し、年功的な職能資格制度とそれを否定する可能性のある成果主義制度とをすり合わせる作業を開始していた。文言による表現としては人間中心(尊重)と「個」重視のともに目指した人事制度構築となるわけであるが、この人間中心とは組織にコミットメントしている「属人的な能力」の尊重を意味し、「個」の重視とは仕事(職務)への個人的実力を指摘しているものと考えられる。具体的には、企業側と従業員側の雇用と勤務に対する構図を、長期蓄積能力活用型グループ・高度専門能力活用型グループ・雇用柔軟型グループの三つに分類することによって、複線型人事システムの完成を目指していたのである〔新・日本的経営システム等研究プロジェクト一九九五:三二〕。この三つのグループの長期蓄積能力活用型グループと雇用柔軟型グループは、正規雇用形態と非正規雇用形態となって「貧困と格差」という新たな社会問題を創り出したが、高度専門能力活用型グループはあったけれどもなかったという状態である。先述の「公務員制度改革大綱」は『新時代の「日本的経営」』の公務員版とも考えられ、民間の大企業組織と公務員の組織ともに、それ以前の年功序列の日本的経営から能力主義、そして成果主義の人的資源管理への足並みがそろったといえるのが、二〇〇一年であると考えられるのである。

その「公務員制度改革大綱」の閣議決定から六年を経て、二〇〇七年六月三〇日に、国家公務員法改正案が可決された。しかしながら、「大綱」で謳われていた標準職務遂行能力を基準として行われる能力等級の決定は、官僚の利権に絡む天下り防止のための新人材バンク設置に注目が集まったことや、公務員労働組合のＩＬＯ提訴とそれに伴う勧告の影響を受けて、従前の役職の呼称による職能資格から職務主義への進捗度は遅いというよりも頓挫している情況であるといえる。ところが、この国家公務員法改正以前の二〇〇五年人事院勧告は、実質上の能力主義でもある職務実績の給与への反映を目的とした給与構造改革を五年間で完成させるようにと勧告しており、この給与構造の見直しといわれる制度により、能力主義と業績主義による人的資源管理は国家公務員のみならず地方公務員目標管理制度導入等の人事行政にも影響を与えている。また、二〇〇九年八月三〇日実施の第四五回衆議院議員総選挙における地域主権を掲げた民主党政権成立、さらに首相交代劇まで演じた民主党内での政権抗争、その後の政界再編による公務員制度改革を重点としたみんなの党の二〇一〇年参議院選挙での躍進と、先行き不透明な要素が横たわっている。社会保険庁消滅による五二五名の公務員大量分限免職については、人事院が公務員の救済のための独立行政機関としての力を発揮できるかの試金石と思われるが、これも公務員に対する労働基本権の付与の論議とあいまって不透明であるといえよう。また、公務員を政治的差別から守る平等性、恣意的な処遇に対するメリットシステムの確立、さらに法律の定めによる事由以外での不公正な取り扱いを跳ね返す身分保障、このような従前の公務員の世界での常識が今後も常識として存続可能であるかを、論議されようとしているのであるといえよう。

その後、二〇一二年一二月一六日の第四六回衆議院議員総選挙の自民公明連立政権、さらに二〇一四年一二月一四日の第四七回衆議院議員総選挙は自民党安倍政権の信任選挙の様相を示した。このように新人候補の多量当選と経験豊富な大物議員の落選は、一八歳選挙権の改正公職選挙法とともに、死票の多い小選挙区による議会制民主主義と政治の質が必ずしも一致しないことを示唆している。

一方では、二〇〇〇年の地方分権一括法施行以来、国家による中央集権型行政システムから地方への分権化の流れが強まり、各自治体の裁量による人事管理や独自の人事制度構築の可能性は、従来の国の示すガイドラインに沿って国準拠の仕事のできる人材重視から、自治体独自の自律的創造性ある政策を考えられる人材の重要性認識へシフトしつつある。まだまだ中央集権を維持している日本の政治システムおいて、自治体独自の政策なるものが可能なのかはこれも難しい問題である。今後、人事行政と称されていた自治体の人的資源管理は従前のような昇進管理や配転管理、さらに不祥事対策から、より戦略的に構築されなくてはならないようになってきていることは間違いのないところである。ここでいう戦略的にとは、競争優位を獲得するための自治体としての独自性である。つまり、国・他都市・前例にとらわれずに柔軟な発想のできる人材確保に他ならないのである。それは公務特殊能力の効率的活用とも言いかえられることであるが、これによって自治体も競争による勝者と敗者に分かれる可能性がある。果たして自治体同士が戦略的競争にさらされることも、決して正しいこととは思えない。一般的都市化の流れの中での地域特化における都市間競争であるが、地方消滅(4)を無条件で受け入れるのでなく、そのようなことが正しいことであるかどうかを論議する時間が必要と考えられる。

自治体に一定の尺度、たとえば二〇〇七年に成立した自治体財政健全化法に基づく数量計測可能な状況における競争にての評価が生じるような背景から、そこでの人的資源管理、とりわけ独自の政策を考え出せる個性的な人材の育成は最重点課題であると認識される。現在のところは、政策企画部門と政策実行部門を分け、企画部門に優秀と思われる政策人材を配置することが、各自治体では一般的である。現場の実行部門への権限委譲が必至の情勢になる将来は、全員が自律的創造性ある政策を考えられる人材としての組織的底上げが必要になると考えられる。知識やスキルは当然として、毎日がスクランブル状態の第一線現場において、マニュアルに従ったルーチンワークよりも知恵を出しきる人材なのである。さらに、今後ますます分権化社会が進行していくと、住民が自らの住むところを厳選することも生じて、政策の貧困によって財政破綻するような自治体は住民より敬遠されることも現実のものとなろうとしている。ところが、現在に至るまで自治体に対する評価においては、サービス提供者としての格付け等がクローズアップされているのが現状である。ここで住民こそが当事者であり、受益者負担の「お客様扱い」では納得できないという認識[5]が遅れている。つまり、過度な顧客主義の徹底は、住民をクレーマー化するのみならず、自治意識をも希薄なものにしてしまうのである。

(2)　市民の自治体における人事行政

前述のことを具体的に表現すると、自治体独自の政策決定や条例制定についても、エージェントとしての公務員や議会における議員に自治を任せてしまうばかりでなく、直接的に住民が参加し、計画段階から実行・評価・見直しまで参画するような積極性を必要としていると考える。さらに、今までは自治体内部の問題とされていた自治体職員の人的資源管理についても、住民の参加、さらに参画が得られるならば、住民の自治意識はさらに向上するものと考えられる。このように住民が高い自治意識を持つことが、単に居住しているという住民認識から、自治主体である市民認識への道を開くことになると考える。タックスペイヤーとしての権利を主張するばかりでなく、実際に住民主導の地域活動に参加することである。もっと具体的に述べれば、より現場への権限委譲が進み、霞が関で政策立案しているデスクワークよりも、直接的に住民と接して政策実行を担当するフィールドワークの第一線現場職員の資質の重要度が増すものと考えられる。そのためには、現場に権限委譲されたところの管理職は住民の苦情処理や日常業務の進行管理をするだけでなく、ともに考えていくという市民支援の立場を貫く必要性が増し、そのような重要な任務を担う現場管理職の人事情報の開示が迫られる情況に至ると考えられる。つまり、人事異動においてその現場管理職がどのような能力を有していて、任命権者として市民支援の職務遂行に適任とみなしたかを説明責任として明らかにする必要があり、そこでの住民がその地域に相応しくないと考えるような管理職を拒否する権限を与えることも自治の精神には反しないと考えられる。政令指定都市の行政区の長を公選制や公募制と議論する前に、人事情報開示の方が先にあると考える。まさに、共生地域社会での市民的公共性の地域人材育成を可能ならしめるためにも、任命権者による一方的な現場管理職任命を地域住民が追認できる仕組みが、限定された個人情報開示とともに考えられるべきと思慮する。

以上のことは従前よりの昇進管理や配転管理の人事行政自体の様変わりについて述べたものであるが、二〇〇八年四月四日に閣議決定した「国家公務員制度改革基本法案」においては、内閣人事庁の創設（五月二九日に衆議院通過した修正案では内閣官房での「内閣人事局」となっている）により内閣機能の強化とともに、政策企画機能を官僚主導から政治主導に移行する政官分離が謳われるはずであった。しかしながら現在の状況をかんがみても、幹部公務員人事の内閣への一元化から程遠い内容で、すべては省益優先の官僚の力に屈した形となっている。利権を伴う縦割り行政の弊害はそれが叫ばれて久しいが、人的資源管理の内閣への集中することによる政治主導の公務員制度改革は頓挫して、官僚抜きでは政治は行えないのが実情である。また、「大綱」に明記されていた国家戦略スタッフを内閣人事庁の職員をもって充てるとしたものの、実効性ある具体化も未知数である。されど、二〇〇九年八月三〇日実施の第四五回衆議院選挙において、野党であった民主党が小選挙区制による大勝を果たしたことにより、この公務員制度改革が再び動き出す可能性も十分に予測できるところであった。そうなると政治主導の下における猟官制おいて、現政権に都合のよい幹部公務員を政治的任用することも警戒しなければならないとの指摘もある。公務員は政治的中立で成績主義が働かなくてはいけないと言われているが、官僚出身の政治家が多い現状では政治的自由は保障されたとしても、それに纏わる利権問題を断ち切ることはできないのが現状である。さらに、官僚政治から議会政治への意気込みも強くなればなるほど、「ジバン・カンバン・カバン」の世襲議員が幅を利かして、将来的な公務員制度改革の具体策が今の時点では見えにくい状況となりつつある。

ここで戦後強い絶対的権力を有したGHQでも、日本の官僚の壁にて成し遂げられなかった職務主義と成績主義構築を、現在の官僚も労働組合も賛成しかねる情勢において生み出すことができるかはこれも未知数であり、キャリア官僚と呼ばれるファストトラックの官僚の雇用慣行が消滅したり、ノンキャリアと呼ばれている現場の公務員の安定した年功的処遇が急激に崩壊するとは考えられない。また、公務員の労働基本権と引き換えに設置されている独立した行政機関である人事院との人事行政機能のすみわけも、当初のシナリオどおりに進む保証はこれも未知数のさらに未知数である。人事院は単なる公務員の苦情処理機関になることを素直に認めるとは考えられないし、公務員の労働組合も人事院勧告打破とのスローガンを掲げているものの、労使の力関係で賃金を決定できない保障としての人事院の存在理由は認めているが実情である。ここで人事院が採用等の人事行政機能を継続するならば、内閣人事局との二重行政に陥ることになるわけで、未知数の三乗ともいえる状況が創り出されることとなるのである。いずれにしても、公務員制度改革は安倍政権では闇の中に沈んでいるのが現状である。

そこで注目されるのは比較的改革への自由度が付与された各自治体の人的資源管理である。自治体の人的資源管理や人事制度を真剣に考慮することは、安易に民営化や民間委託化を選択するよりも意味のあることと考えられ、現場への権限委譲と政策が考えられる人材育成は表裏一体のものと考えられる。現有の公務員の政策人材化による人材活性化と、組織の反応速度を加速するフラット化・ネットワーク化により経営資源の底上げをはかることは、過度な成績主義や成果主義による管理統制の強化での勤労意欲の減退や、何のために仕事をしているかという使命の確認が不十分なための誇りの低下、さらにスリム化と称する人員削減によるコストダウン、事業仕分けを通じての民営化よりも、根源的で今すぐにもはじめなくてはならない政策と考えられる。少なくとも、過度な上意下達型成果志向の考え方が良好な職場コミュニケーションを破壊することになる「富士通現象」[6]は周知のところとなっており、その失敗から対話型了解志向の考え方に注目が移りつつある時期に、民間の失敗を後追いするような公務員制度改革が実施されることだけは、当事者としての市民の利益にならないと確実に言えるのではないかと考える。自治体は市民とともに市民のためになる人事行政を考えなくてはならないと思慮する。

(3) 何を伝えたいか

複雑多様化する公共サービスに対して、財政事情から縮小一元化ならざるを得ない行政サービスがある。今後は市民のニーズが複雑多様化して、ますます公共サービスは拡大していくと予測される。それに対して、行政の行う市民に対するサービスは小さくなる矛盾がある。この解決法として公共サービス全般について、共産主義的に公務員の直営とすべきということは、政治体制の大きな変革が無い限り到底無理な話である。たとえば、学校や病院、交通機関や電気ガス等のライフラインの提供を、すべて「官に任せろ」なんて主張できるものではない。もちろん、公共サービスを誰が担うかは大きな問題であるが、今問題としたいのは行政サービスの官民すみわけについて論じてみたいのである。もう一歩進めて言えば、今後問題の山積する教育・医療・福祉をだれが担うかである。ここで行われている行政サービスを、市場化テストや住民満足度調査によって、経済的効率性に優れている民間に任せようと言う「官から民へ」という拙速な流れを警戒しているのである。さらに、「官から民へ」どころか「官から無へ」の動きにも十分な警戒が必要と考えている。たとえば介護保険制度である。この制度によって行政は保険者としての監督責任を負わされるのみと、良く言えば市民参加によるサービス充実、悪く言えば直営による直接的執行責任からの後退へと舵取りを行ったのである。介護保険制度ではその負担を利用者と四〇歳以上の保険料、さらに税で賄ってきた。今困っていない人が今困っている人への助け合いが原則である。一番困っている当事者である利用者の負担割合が、収入による制限付きながら一割から二割に上がった。こんな状況で「官から民へ」が良かったかの総括ができていない。消費税率改定とともに介護保険利用控えが社会問題化することは必定である。

行政は伝統的な官房学などの統治的行政学で上手く治まった時代から、経営学を援用した行政経営の時代に突入している。政策学という分野において、市民の市民による市民のための政策が実行されるかも疑わしい。「お役所仕事」や「ぬるま湯体質」という語句は葬り去られようとしているし、どうしても民営化できない公務、つまり権力的な措置を有するものについては、民間的手法を取り入れる民間化が進行している。熾烈な公務員試験を経て採用された大卒公務員の仕事は、かつてのような定型的単純作業の反復で安定した身分保障を獲得できるのではない。そんな仕事は非正規雇用化され、正規雇用公務員には政策人材となりきれることが求められているのである。繰り返し指摘するが、「遅れず、休まず、働かず」や「かきくけこ人材」[7]では未来はないものと考えられる。また、福祉をはじめとするサービス行政の分野においては民間の関与が強まり、民間委託化もしくは民営化との動きが主流になっていることはくどい説明も要らない。この民営化が市民的公共性を無視したような私営化にならないようにするには、当事者である市民による統制が必要と考えられる。これを構造改革的規制緩和に対する「市民による規制」と考えているが、これによって公共性を担保される市民的行政経営への当事者支援が公務員の仕事と考える。

公務員の直接的執行を原則としながら、一方ではＮＰＯをはじめとする民間セクターが相補的に担う流れができつつある。これは個人や民間でできないことを自治体に、自治体にできないことは国でという補完性の原則とは相違する相補性の原則ともいえる流れである。この相補的な状況を構築するには市民的公共性の地域人材の育成が不可欠で、そのことによって地域における共生社会が磐石となるのである。この共生地域社会とは市民社会のことであって、普通の一般的な地域の人びとが地域社会全体のことを当事者意識を有して自律的に考えられることこそが、市民の市民による市民のための社会である。これは決して理想の桃源郷ではなくて、現在の行政が心がけなくてはならない共生的な地域社会づくりなのである。高齢社会においてはこの市民意識の熟成が決め手であり、自助や共助を強制するような社会は、むしろ行政の責任放棄とも考えられるのである。そこでのイニシアチブは当事者の市民が担い、行政はパブリックインボルブメントのスタンスを維持できる「市民主導・行政支援」の共生地域社会構築可能な事業への仕分け活動が必要と思われるが、とりわけ、その事業を推進していくのは行政での人材であることは間違いのないところである。つまり、「事業仕分け」も大事なことであるかもしれないが、それよりも地域公共人材を育成できる行政側の人材の「人材仕分け」は、もっと注目されなくてはならないのではないかと考える。本来、公務員が担当しなければならない分野を民間人材に任せる場合は、そこでの地域の公共人材を育成する責務を公務員は担っていると考えられ、決して行政的責任からそれを管理することではなく、民間人材の活動の支援に徹する覚悟が本当の行政責任と断言できる。つまり、公務員が直接的執行をしなければならない公務を民間人材に担ってもらうには、現実を無視したような一律な規律に従わせる管理よりも、地域に特化したルールづくりということから始めていかなくてはならないと考える。

(4) 人的資源管理の視点

前項で述べた人的資源管理の重要性を先行研究を用いて論証するとともに、訪問調査や独自のアンケート調査により仮説の実証を試みるために、本書は以下のような章立てによって構成することとする。

序章は前述のような問題意識とともに、複雑多様化する公共サービスと経済的効率性に一元化された価値軸によって縮小されつつある行政サービスの矛盾を、①公務労働は安易な民営化や民間委託化よりも公務員が担当するほうが社会的に有益である。②公務員による公助が原則であるが、それが困難である場合に限って、住民主導を行政が支援に徹する形でＮＰＯや地縁的団体による自助を前提にした共助が必要になってくる。③地域コミュニティの再建は困難と思えるので、テーマ別アソシエーションの複合による共生地域社会づくりが重要である。という三つの仮説を論証および実証するためのオリエンテーション部分である。

第1章では論点整理と仮説設定を試みているが、最初の障壁は企業経営学における人的資源管理論が行政経営に適用できるかである。これを容易に飛越できないとなると、経営学部などで主流である企業経営学に対する社会的拡張と市民的豊富化が必要となるからである。その上で、拙速な公務民営化を疑ってみる必要があると考えるのである。極端に言えば、民営化はテロに匹敵する上からの強権的な変革である。これが下から持ち上がるような市民的変革にしようとすれば、前述のような三点の仮説を熟考してみなくてはならない。いずれにしても、ＮＰＯや地縁的団体による互助活動を喚起するような行政の支援活動が必須のものと考えられるのである。それも経営資源としてのヒト・モノ・カネのうち、一番重要なのはヒトである。補助金漬け行政と言われて久しいが、本当は「補助人」が必要なのかも知れない。さらに公共団体や公共的団体が独占していた事業に「指定管理者制度」において風穴が開いたが、これが本当の市民の市民による市民のための事業となるには、ＮＰＭ（新行政経営）を単に否定するばかりでなく、さらに新しく考える必要も生じてくるのである。

第2章の内容は、従来の行政学適用の行政運営を市民の参加参画を得ての市民的行政経営に変革できないかがテーマとなっている。つまり、計画・実行・評価・見直しを通じての市民参加である。横須賀市役所における組織フラット化による職務と処遇の乖離防止、多治見市役所の目標管理制度による数値的判断にて客観的人事評価の導入、岸和田市役所の「統制と報酬」の処遇管理型人事評価から「内発と自律」の人材育成型人事考課といった三つの事例を紹介し、人事行政への市民参加が可能であるかを探ってみた。さらに、市民参加は従前からの考えではありえなかった高度な専門性を必要とする司法まで視野に捕らえており、行政内部から開放されなかった人事行政も市民参加の視野ではないかと考える。

第3章は人事行政から人的資源管理に踏み込んでの論理展開である。行政経営における人事制度の公開と人事評価情報の開示は困難であるものの、将来的に不可能ではないと考える。情報の非対称を排除した上で、市民参加としてこの分野への計画・実行・評価・見直しが進行すると考えるのである。ここではルポ的にその糸口となる事例を記述しているが、人事をブラックボックス化してフィードバックを怠っていることへの反省も含めた提言を述べている。個人のモチベーションや人事評価者個人の資質などを扱った分野はコンサルタントなどによって書籍となっているが、経営学的には学術性に劣ると評価され続けられてきた。特に公務員に関しては経営学における空白地帯となっていたが、これからは人事を成功例以外は秘密にしがちな民間企業の研究においても公務員との比較は重要と考えられる。

第4章は拙速な民営化が行政における人的資源管理に与える影響と、それを逆手にとっての市民参加の糸口を見つけることができないかを論じている。介護保険制度における地域包括支援センターは、従来の行政ではできなかった地域密着型で専門的しかも包括的な高齢者支援が可能になると考えられて民営化された。この地域包括支援センターも公務民営化の流れの中で、従前は公務として行政が独占していた分野にも指定管理者制度等によって市民参加が可能となっている。つまり､市民の声が直接的に届く可能性が高まったと考えられるのである。しかしながら、これらの民営化は収益性が見込まれるところは株式会社などの営利企業、そうでないところは公益法人やＮＰＯ法人などの非営利組織が行政の安価な受け皿となっている事実も見受けられ、儲かる分野での民営化は収益性により継続されていくと予想されるが、儲からない分野を市民の使命感によって継続性を図ろうとすることは無理が生じる可能性がある。行政は安易な民営化よりも現有の資源を生かせるマネジメントを心がけるべきと考える。そこで、行政の人的資源管理を市民が統制する「市民による規制」により公共性が担保されることが何よりも重要であると考えられる。あくまでも市民主導で行政は支援に徹することを職務として遂行できる公務員の育成と、民営化により実行を任された組織や地域での公共的人材育成を、地域福祉における拠点である地域包括支援センター専門職に対するアンケート調査や面談調査にて、その実態を解き明かしていく。

第5章は市民主体の行政経営が人事行政まで及ぶのかの検討である。行政活動における公共団体や公共的団体はNPOや地縁的団体とネットワークしなければならないことには異論はない。それに加えて、株式会社といった営利団体や、大学や病院などの非営利団体をも総動員した地域ネットワーク化が理想である。そこでの人材育成は公務員が責任を持たなくてはならないし、市民こそが公務員の究極の使用者であり、行政経営の当事者であるという自覚が必要であると考える。市民とは当事者意識を有して自由に自律的に決定できる個人である。そのような個人は地域自治に対する主体でありながら、公共サービスを制度的に受ける客体でもある。公共サービスの内容を決定するのは、最終的にはやはり市民であると考えられる。行政はそのことを前提に、今行わなければならないことは「事業仕分け」よりも市民のためになる人材の仕分けではないかと考える。

終章で述べたいことは、多元的な関係性の社会において経済的効率性に特化した一元的な評価は、特に行政経営においては無理なのではないかということである。どうしても一元化して評価しなければならない場合は、テーマ別のNPO等市民団体に民営化するということになるが、公助・共助・自助がトータルして質的量的に低下しないことを心がけなくてはならない。それにはそれに対応する人材育成が先決である。公助は公務員によって行われることが原則であるが、それを公務員も含めた市民活動とするには、非公務員である地域の公共人材も必要であるが、その公共人材を育成する公務員を育てなくてはならない。市民的行政経営の実践における研究分析の取り組みを重要課題としつつ、住民参加による計画・実行・評価・見直しを通じて、公助が前提の市民社会の構築を目指すことを結論とする論理展開で問題点の解決糸口を探ってみたい。と同時に、行政内部の人的資源管理にも市民参加の観点から、共生的な市民社会とのリンクが可能かを探ってみる。つまり、行政価値の効果性を前提にした「人材仕分け」の必要性である。

◇注

（1）東日本大震災における大津波による原子力事故は本当に想定外で済まされるものかを問うている。故藤木英雄は一九六〇年代に「危惧感説」を展開し、一歩誤ると巨大な破壊力に転化したりするものは未知な危険であっても予防を怠ると刑事責任を問われると主張した。その説で考えると、たとえ一万年に一度のことと感じる危険であっても、その回避措置が無い場合は稼働を控える選択をすべきで、未知な危険を想定外にすり替えることは許されない。許されざる危険性を捨象して災害を招いた責任は、まさに人災として裁かれるべきと展開する。制御できなくなるとどうなるかを知りつつ、また、制御不能になる確率がゼロでないことを正当化するようなことは、リスクの大きさをかんがみれば、人間性よりも経済性が先行する劣化したマネジメントであると考える。今後、原発推進の国は人間性を考えない経済性優先の国と見られても仕方がないと考えられるのではないか［古川・船山 二〇一五：六八―九六］。

（2）津波に襲われた仙台空港は陸の孤島化して、当面使い物にはならなかった。本来、支援物資搬入の拠点となるべきアクセスがこのありさまで、今後「地域の利益」を考える上での検討材料である。たとえば空港直結という利益は誰のためであろうかを考える必要がある。景気回復や民間活力の名の下に震災復興がビジネス化されるならば、利潤動機のみの強欲企業が金儲けの手段として活躍し、「災い転じて福となる」を実践するだろう。このような「経済的ショック療法」は必ずしも「地域の利益」とはならない［古川 二〇一五：九二―一一二］。

（3）自治体の組織力とは職員力とマネジメントを乗じたものであると説く。その中での人事評価において大事なことは「信賞必罰」「アメとムチ」のマネジメントではなく、「自学」と「気づき」がキーワードとなるモチベーションによるマネジメントであると主張する。モチベーションを大きくするには自己実現欲求の喚起が重要で、それには「内発的動機づけ」と「承認欲求」の活用がマネジメント的になされなくてはならないと考える。それこそが「人材育成型人事評価制度」に他ならない［小堀 二〇一五：二八―四八］。

（4）出産可能な女性の人口予測から、多くの自治体は人口減少とともに消滅する運命であるとショッキングにその対象自治体名を指摘している。そうならないためには地域資源の再配置や機能分担による「選択と集中」が必要と論を進める。選択とは淘汰のことで、今後の投資や施策を何らかの意図を有して集中しなければならないという主張である。ここでの疑問は地方拠点に指定されなかった地域はどうなるかである［増田 二〇一四：四七―六八］。

（5）行政はサービス業との認識にて、住民を意識的に「お客さん化」していると主張する。「集客都市」とはよく言ったもので、お客さんばかりを集めた都市になりかねないと危惧している［山崎 二〇一二：八―九］。

（6）経済合理性に基づく拙速な成果主義が、従来の日本的雇用慣行による職場コミュニケーションを破壊し、結果的にモチベーションすら奪っている現実を民間企業人事担当者の立場から暴露した話題の本［城 二〇〇四］。

（7）「かきくけこ人材」とは、在任期間中に「大過、大危、大苦、大競、大考」に遭遇しなかった恵まれた公務員のことを揶揄した表現。

第1章

市民的行政経営の論点

❶ 自治体職員の人的資源管理

(1) 日本的経営と自治体の人的資源管理

日本の官庁の組織と大企業の組織はその特性に共通点が多い。それは官民問わず大きい組織に共通のことで、大組織論ともいえることなのであろうか。それとも日本の大きな企業組織はゲマインシャフト的性格を有していて、個人的短期業績による利潤よりも従業員や顧客に対する使命にウエイトを置くことによって、集団的長期業績評価の行政組織との共通項が生じると考えられるのであろうか。職場コミュニティなる用語が使用されることも肯定できるような会社もしくは役所共同体となっている。以上のような観点から、集団主義の心理的特性において、企業社会を「イエ社会」と考え、さらに今でも称される「ムラ社会」と考えて、日本経済の高度成長を支えた日本の企業経営の特徴を分析研究したのが「日本的経営」論であった(1)。現象面で見える制度慣行として、終身雇用・年功序列・企業内(別)労働組合のいわゆる日本的経営の三種の神器が指摘されるが、その中でも年功的処遇は長幼の序による擬制家族的共同体を形成し、アメリカ的な経営における職務主義と比較して属人主義色の強いものになっていると考えるのには疑問の余地がなかった。属人的な年功的要素を捨象した同一労働同一賃金などでは機械労働と変わらないと考える経営者の声も根強いものがある。(2) このような閉鎖的な集団性が仲間意識を強固なものにして、個人評価による競争ではなく内外の集団間の競争によって日本経済の高度成長を支えたと考えられている。ところが、右肩上がりの経済成長が停止して以来の日本の企業経営では、手のひらを返したような能力主義や成果志向の考えがクローズアップされ、アメリカンスタンダードのグローバリズムに近づく試みが行われるようになったと考えられる。それは従前の共同体による長期的業績を求める集団主義からの脱皮であり、強い個人の短期的業績による評価を用いての処遇管理強化を意味していたし、企業による付加給的な福利厚生への疑問でもあった。

ところが、労働市場の流動化は中高年の首切りリストラや若年層の非正規雇用常態化として過度に進み、特に雇用柔軟型グループと称される労働者は経済変動の安全弁としての調節の役割を担わされるようになり、経済的格差による新たな社会問題である「貧困と格差」と称する問題を生み出しているのが現状である。しかしながら、相変わらず共同体にすがりつく「会社人間」と、世界を相手に金儲けができる「個力」を有する人間との並列的存在は可能であろうかという問題を繰り返し提起しているのが、官民問わず日本の経営の現在の状況といえるのである。逆に言えば、「寄らば大樹の陰」の意識が健在であるため就活生は大企業に殺到し、「学生は疲弊、企業は徒労」を毎年繰り返すのである。企業や役所の本音は組織にコミットメントしてくれる優秀な人材の囲い込みであると考えられるが、それも裏を返せば、個人の良心的判断より組織優先の職務遂行を非人格的に行えない人間の組織的排除とも考えられるのである。つまり、企業や役所に対して同質的な実力を発揮できる「金太郎飴的人材」に安心安定感が置かれ、さらに極言すれば、害にも益にもならなくても職場の和をひたすら考えてくれる人材で良かったのである。その顕著な例が「遅れず、休まず、働かず」の自治体への就職をめざす一団に見られるが、すでにルーチンワークは非正規雇用者の仕事となっており、自治体における古き良き時代は過ぎ去り、人材を潰し合うようなブラック化しているのである。しかしながら、終身雇用・年功序列・企業内労組といった日本的経営の三種の神器が無くなるならば、自治体組織がそのラストランナーであると考えても極言ではない。

(2) 民間企業と自治体の人的資源管理に違いはあるか

一九九五年の日経連『新時代の「日本的経営」』におけるコア人材としての長期蓄積能力活用型グループと、経済環境変化の安全弁としてのノンコア人材である雇用柔軟型グループとの経済的格差問題は、表面的なところから深層部に至る社会問題となっているのが現在の問題意識である。しかも、以前はパートやアルバイトとして正規雇用者の補助的業務であった雇用柔軟型グループが、現在では「人手の人材化」により不可欠な戦力となって常態化している。一方では違法なサービス残業当たり前の償却資産化したいわば「名ばかり正社員」が存在する。そこで特筆に価するのは、「人間大事」の松下電器ですら、二〇〇一年、過剰に陥った投資・在庫・雇用の調整の一環として中高年首切りリストラを断行したことであった。そこで目指したことは、創業者松下幸之助が理想とした「金太郎飴的人材」の共同体による参加的経営実践の年功的処遇に基づく日本的経営を脱皮して、能力主義をも超越しての成果主義に基づく「強い個人」による世界でも通用する「強い組織」を目指した「中村改革」といわれる経営改革であった。創業者は「顔の見える経営」を理想とし、経営資源としての「ヒト」による組織変革よりも、生身の人間に精神革命を起こす人材活性化を重視した。それゆえ、会社が大きくなるにつれて事業部制や分社化を推進して、顔の見える組織同士の競い合いを重視していたのである。この運動場に一堂を介する運動会的経営では限界が見えているので、「経営の神様」と言われるぐらいに人間による経営を哲学的レベルまで押し上げようとする努力が行われていた。つまり、経営資源としての組織にコミットメントした「ヒト」と、生身の感情も有する全人格的な「人」とを、仕事を通じて合体する試みであったと考えられる。(3)

このことの意味するところは、経営は人間が行っていることで、経営資源としてのヒト・モノ・カネ・情報さらに文化も、所詮生身の「人」が使いこなすものであると考えたことにある。しかし、中村邦夫の経営改革は、「顔の見える会社規模」から職務への個人の有する能力を十分発揮できる「グローバルな企業規模」への転換を図ることによって、前近代的と思われる松下流経営家族主義の破棄にあったと考えられるのである。この改革の本質は、「人」の有する属人的な能力を共同体としての会社へ統合するよりも、「ヒト」として職務的に当然有するべき能力を発揮することによる最大の成果を企業が求めることの正当性、そしてそれを成果に応じて分配する機能を創造することであったと考えられる。されど、日本の日本における企業経営であるため、個人主義の欧米で行われている経営の単なるコピーではなく、創業者の経営理念であるところの「人間大事」および「日に新た」を援用した日本的経営の新展開ともいえる事例であると考えられるのである。それならば、個人と組織の関係における職務的合理性を追求しているアメリカ的経営と、この新しい日本的経営はどのように相違していて、これを自治体経営にも利用することができるのであろうか。このこと不明快さが、「ジョブなきメンバーシップ」か「メンバーシップなきジョブ」かの検討(4)においても解決できずに、公務員の厚遇問題や非正規雇用常態化による貧困と格差の問題に発展するのである。

従前より行政の組織的分析は、行政学の分野において、官僚制に対する研究や官房学として行われてきた。ウェーバーの経済学と社会学の援用による政治学や行政学の体系確立を迎えた段階においても、テイラーを始祖とする近代経営管理学の援用はなく、科学的管理法から人間関係論、さらに行動科学へと発展する経営学は行政経営と一線を画した企業経営学としての独自の分野を確立し、やがて「ハウ・ツー式の金儲け学」は学問としての科学に値するかとの議論を呼ぶまでになった。この点においては、企業内における個人と組織の関係を社会までにオープン化したバーナードの業績は大きいものがある。また、サイモンによる行動科学的な行政経営論の動きもあったものの、行政経営学としての学問的確立には現在に至るまで達成されていない。サイモン自身も経済学や心理学さらにコンピューター・サイエンスの分野へと手を広げていったため、サイモン理論は高度に抽象的になり、行政関係者の興味の範疇から外れていったものと考えられる。しかし、このサイモンによって引き出された目的と手段との連鎖における「限定された合理性」による満足基準に基づく選択は、従前の最適基準を探る経済学的分析よりも含意の多いものと思われる(5)。

さらに、短期的な業績重視の私的管理者よりも長期的視野に立脚した制約の多い公的管理者の行政経営にとっては、この経営学の援用をもっと進めなくてはならないと考えられる。たとえば、私的管理者は業績不振によって事業から撤退することや、それ以上に倒産して事業停止に陥ることも考えての継続性の判断が必要である。ところが、公的管理者においては利潤が生まれなくても使命によって事業継続を考えなくてはならないし、何よりも自治体として破産しても倒産は認められていないことを肝に銘じた長期的視野が必要であると考えられる。つまり、公的管理者は事業を始めるときに安易な撤退を想定した判断は許されないのである。しかも売上高から原価を引いて、さらに人件費をはじめとする経費を引くことによる利益によって判断するなどと言う単純な目安で事業継続を考えるものではない。その事業を必要としている人が存在するならば、事業継続を図らなくてはならないのである。これは言葉を変えれば、「政策決定をいかになすべきか」の政策科学の構築と考えられるのである。ヒト・モノ・カネの経営資源は無尽蔵にあるものではないので、どの事業を優先するかの政策決定で、決して金儲けが見込まれる事業からはじめるものではない。また、経営学のレベルでは従前の企業経営学の拡張および豊富化による市民経営学の確立となるわけである。この点においては、民間企業と自治体の経営における人的資源管理に違いが生じても当然と考えられる。自治体経営においてはコスト意識は必要としても、金儲けの得意な人材に対する評価は高いものではないと考えられる。

(3) 官僚制と自治体の人的資源管理

ピラミッド構造の官僚制組織を対象にした行政学による行政経営の分析から、企業経営学や経営管理理論を援用した行政経営の人的資源管理に展開する過程は、決して容易なものではないと考えられる。日本の公務員制度改革の議論の過程は、この官僚制における官僚の抵抗の歴史とも考えられている。[6] 一部の勝ち組と多数の負け組を制度的に追認しての勝ち組の保身に執着する官僚制の逆機能[7]は、官僚主義の温床ともなり、官僚の自己保身のための組織を築いたものと考えられる。現在でも政策企画機能を政治主導か官僚主導で担うかの議論が続いている現状をかんがみると、官僚の官僚主義への執着といった根深いものの存在を知ることができるのである。しかしながら官僚制が順機能に働いているならば、官僚の属人的な要素は排除されて、規則への忠実さこそが官僚制の合理性として収斂されるところとなるはずである。そのことが官僚制と官僚主義の相違点であると指摘されているところであるし、官僚制の論議から拡張した人的資源管理論にて検証されなくてはならない課題と考えられる。

上意下達を効率化するためのタイトな組織においては、下位の者は上位の者に文書化されたルーチン以外の仕事はお伺いを立てなくてはならないし、勢い上位の者には権限が集中する。この現場を知らない官僚と呼ばれる上位の者が機能・権限・責任の連鎖に耐えられるところであるかは、大いに議論が必要なところである。しかしながら、国益志向の官僚の情熱や意欲は一概に悪いものとは言えないが、官僚自身の保身や利権確保に走る官僚主義に陥る危険性を官僚制ははらんでいることを指摘しておく必要がある。つまり、国家官僚が規則を盾の形式合理主義によって、現実から乖離した規則を現実に合わせずに、規則を現実に合わせるようないわゆる「お役所仕事」が幅を利かせるわけで、これは官僚制が官僚主義にはまって自らの地位と組織の防衛を第一に考える官僚制の逆機能であり、この「鉄の檻」[8]を脱出するための大衆動員が可能となる社会的に危険な段階へと進むことになるわけである。つまり、形式論を実質化してのカリスマ的支配者の出現を大衆が望むような世論形成がなされ、強い指導者の出現を期待する社会は、その指導者によって強権的に管理される可能性が高いと考えられるのである。

いずれにしても、分権化社会の流れを受けて政策企画機能は国家だけが担うのでなく、各自治体にも政策を考えられる人材の育成が緊急の課題となってきている現実がある。また、自治体内においても、現場実行部門の政策人材化が組織全体の反応速度を速くするばかりか、主権者たる住民の当事者意識を喚起して、直接的参加および参画を可能ならしめる市民意識の高揚となるものと考えられている。なぜならば、現場に権限を与えて政策立案をするということは、規則重視の机上の空論ではなくて、現場での現実に適応した規則を考えて、現実に規則を適用しなければならないためである。それには、当事者である住民の参加および参画は避けて通ることができないとともに、その後の実行および評価、そして見直しにいたるまでの当事者意識の高揚にこそ市民社会の礎があるものと考えられる。そしてそれこそが地方政府としての自治体の仕事であり、優秀な自治体職員の育成は市民の財産となるものと考えられる。そこで注意が必要なことは、政治的に「新しい公共」や「地方創生」と言われている中身を自治体職員自身が吟味することである。政治的な政策課題を何の疑問や批判なしに受け入れて、市民のためになる事業であるかの判断もなしに進めていく方式では、組織的保身に走った「官僚なき官僚主義」と指摘されても仕方がないと考えられる。このような状態では全員政策人材化のための人的資源管理は掛け声だけに終わってしまう公算が高い。

❷ 新しいＮＰＭ（新行政経営）

以上のような動向は、公務員制度に対する制度疲労から生じる規則の形骸化に対して、現実に生じている問題とそれに対する規則のすり合わせが図られなくては組織そのものの存在理由が問われるところとなる。具体的には、市民参加および参画の門戸を開いたと考えられる指定管理者制度のような制度が、市民社会の醸成と自治体財政再建を一石二鳥にかなえられる特効薬か、それとも単に痛みを緩和するだけの麻薬かと考えると、制度や慣行が組織文化となって定着するには、まだまだ紆余曲折があるように思える。この指定管理者制度が市民事業経営のための「市民管理者制度」(9)に進められなくてはならないと考えられるが、ニュー・パブリック・マネジメントにさらに「新しい」と冠をまで着けなくてはならない意味がここに存在する。

公共的公益性が強い労働集約的なヒューマン・サービスにおける採算性の弱い分野に力を入れなくてはならない自治体にとっては、事業廃止や民営化による人員削減における人件費抑制は自治そのものにかかわる問題といえる。つまり、財政健全化が目的になる事業展開は本末転倒という考えである。あくまでも必要な市民に必要な行政サービスを保証しなければ、行政責任を全うすると言えないのである。そのために相補的な行政への市民参加と参画が必要とされているのであるが、財政再建を行うための改革と称する動きには、企業経営学の援用による経済的効率性重視のＮＰＭ（新行政経営）理論によるものが主流をなしている。しかしながら、現在ではＮＰＯ（非営利組織）等市民団体の台頭によって、行政側から見たＮＰＭばかりでなく、市民的なＮＰＭ理論があっても不思議でないという「もうひとつのＮＰＭ」による公務員制度改革が考えられようとしている。(10)

前述したように指定管理者制度においては、指定という行政的処分によって管理者を選定するわけであるが、この段階での市民参加によって、いわば「市民管理者」ともいえるような管理者が選定されるような価値軸の設定も可能であると考えられる。また、自治体の人的資源管理に対する当事者としての市民の関与は、現実の自治体職員の人事制度や人事評価に対する市民参加として、今はなくても将来はありうることと考えられる。それを阻むものは人事に関する個人情報の秘密保持ということになるのであるが、果たして自治体幹部職員の人事情報などは開示されて当然の説明責任と考えられはしないだろうか。自治体内部の情報、特に機能・権限・責任の連鎖の大きい幹部職員の情報開示が、自治体経営の自治的主体である市民[11]になされないということの方が不思議なぐらいである。つまり、市政への市民の経営参加は当然のことであるはずなのであるが、それへの可視化が進んでいないのも現状といえるのである。

経済的効率性重視のNPM理論では、行政評価・PFI・民営化・公会計改革・顧客志向の事務事業評価等の制度そのものに注目が集まっているが、これらは手段であって目的でないことを心得ておく必要がある。それならば何が目的となるのであろうか。これを検討することこそが、究極の行政改革であると考えられる。少なくとも手段について考えるならば、長期的継続性の視点に立った将来への投資である人材育成のための人的資源管理を行うNPM理論が必要ではないかと考えるのである。つまり、「人材仕分け」である。それには民間企業組織と相違した原理や、果たして公務特殊的能力なるものが存在するのかも考える必要がある。現在に至るまで人事行政と称されているものは、行政内部の昇進管理や配転管理と考えられていた。さらに現在では、危機管理的不祥事対策やメンタルヘルス問題も考えなくてはならないようになっている。されど今後は、その昇進や配転すらも住民の参加に基づいて企画実行され、評価見直しをされることが理想となりつつあると言えるし、そのことによって不祥事やメンタルヘルス問題も解決できる可能性があるといえる。

一方では、自治的主体である当事者の市民が当事者意識を捨てていろいろなクレームをぶつけてくる事実が見受けられる。そのことによって、行政の人的資源管理もその影響を受けていたことは否定できない事実といえるのである。具体的には、エゴ意識むき出しの住民との対応に神経をすり減らさなくてはならない「激戦区」と称される職場もあって、それが昇格者対象の職場になって、その体力と忍耐力を試されていた傾向を否定できないのである。と考えていくと、行政の目的とは住民の福祉増進といった抽象的な言葉にならざるを得ないわけで、手段と目的の連鎖から当事者である住民とともにその答えを探っていかなくてはならないと考えられる。これを推し進めることが、自分だけのことを考えるエゴ的な住民が社会全体を共生的に考えられる市民となる第一歩と考えられる。少なくとも、声の大きい者の利益にかなう事業などは考え直しの対象であろう。権利を主張する市民[12]にはそれに見合う義務が付加されることに迷いがあってはならない。

以下では実際に市民的行政経営による行政の構築が可能であるのかを、具体的な事例とともに検証していくこととする。ＮＰＭ理論としてスウェーデン・ノルウェー等の「北欧型」とイギリス・ニュージーランド等の「アングロサクソン型」、さらにオランダ・フランス等の「大陸型」が存在するとよく言われているところであるが、果たして「日本型」といえるものも発見できるのだろうかということも興味のあるところである。従前の行政学の対象としていた官僚制組織から、市場原理の働く企業経営的組織への流れの中で、公的な行政管理者に企業的経営者機能を持たせる試みに大きく踏み出したのが「アングロサクソン型」である。行政組織への民間組織の経営手法援用による経済的効率性重視のＮＰＭは第一世代型ともいえるもので、考えられるに可能な限りの市場メカニズム適用によって、トップダウン方式において経営者機能を強化したところの公務労働民営化の動きに特徴がある。しかしながら、これらを採用した諸国においても、民営化による政府の関与の後退に対する見直し検討の段階を迎えていると考えられる。一方、「北欧型」は市場メカニズムよりも行政組織内部からの分権的ボトムアップ方式で、つまり、行政職員を削減せずに今まで以上の業績をあげるという経済的効率化による業績向上に特徴を見ることができ、職務拡大や豊富化による職員満足達成にウエイトを置いていると解釈できる。さらにオランダ[13]やデンマーク等は、住民の直接的参加参画を得て、行政との協働を目指しているといわれている。これらの諸外国の事例はそれを専門とする研究者に譲るとしても、「日本型」なるものが諸外国の事例をそのままに適用しても通用しないことは言うまでもないことである。それならば、公務特殊能力の効率的活用によって経済的効率性も充足できる「日本型」を構築できるような取り組みを考えてもよいのではないかと訴えるのである。

❸ 市民的行政経営

(1) 強権的な小さな政府論の危険性

経済的効率性一辺倒の「強権的な小さな政府論」による第一世代NPMは、貧困・格差の拡大等で限界が生じ、市民社会の醸成が追いつかないならば再び政府の関与を必要とすることは想定の範囲である。「小さな政府」や「小さな行政」とは、結果的に公務員数削減にその落としどころを求める議論と考えるが、「大きな企業」論を進めていくことによる貧困格差拡大に対しての福祉国家としての「大きな政府」論が生じた経緯からは、「大きな企業」と「小さな政府」は論理的矛盾があるように思える。(14) そもそも公務員組織の経営におけるグローバルスタンダードなどはなく、それぞれの国に相応しい公務員制度とその改革があって当然といえるのである。今日までの日本の「官から民へ」の流れにおける公務員制度改革は、この第一世代NPMの援用になされてきたものと考えられ、決して「日本型」と呼べるものではないと考えられる。その中において「日本型」NPMを検証分析することは、かなりの努力を要するものと考えられる。つまり、それぞれの国の個別的な制度であるにもかかわらず、何かをグローバルな標準にしてその国独自のことは特殊的と分析するからである。しかしながら、日本の公務員制度におけるNPMを「日本型」と称することができるという訳は、今までの常識を崩していく行政経営における改革の過程であって、結果として民間組織で行われている経営手法が援用されていたものと考えられる。そこで「日本型」NPMがあるとするならば、理念としては「大陸型」で、実行としては「北欧型」のようである。それなのに業績としての「アングロサクソン型」のところばかりが注目されすぎるのである。そのような考えを進めることによって、現実には企画部門の能力主義管理による民間化、そして実行部門の民間委託化や民営化が各自治体の行政経営に浸透してきているのが現実である。このようなことが、果たして自治体改革という名に値するのかが問題点なのである。

これらの公務労働民間化・公務労働民間委託化・公務労働民営化の動きは、経済的効率性での価値判断において、かなりのスピードで進んできている。しかしながら、それが主権者たる住民のためになっているかの検証は、むしろスピードダウンしているように思える。つまり、住民を公共サービスの受益者としての顧客の立場に押し込めてしまうことは、経済的効率性における「強権的な小さな政府論」の展開であって、自治体政策の有効性や効果性に従っての住民の参加、もしくは構想段階からの参画のもとでの計画・実行・評価・見直しをする行政改革が、現実になされていないように思えるのである。住民が行政サービスの受け手に甘んじて、それに対する満足度だけで事業そのものや担当公務員の評価がなされることは、それも住民参加であるといえばそのとおりであるが、果たして住民のためになることと断定できるのであろうか。受益者としての満足度評価では日常的行政サービスの満足基準に目を奪われてしまい、自治体の文化力や地域力向上といった抽象的な政策や施策は満足基準すら確立できないものとなるのは必定である。制度主体の自治体が自治主体の市民を当事者から制度客体としてのサービス消費者の立場に追い込み、その満足度だけで事業を仕分けするようなことが生じてはならないことと考える。現実にその結果、住民は行政に対する個人的利益のクレーマー化し、社会全体の利益などは考えなくなることを否定できないのである。そこでの住民のためになる公務員の評価は、民間組織のような短期的個人業績で推し量ることだけで十分なのであろうか。また、目に見えるところだけの満足度でよいのであろうか。言いかえれば、経済的効率性一辺倒の行政改革は住民のためになるだろうか。行政においては住民を「神様」としてお客様扱いするということは、お荷物扱いとおなじではなかろうかと次々に疑問がわいてくるのである。強権的な制度主体としての自治体政府が住民を被治者としての立場に押し込めてしまうことに危険な兆候を感じるのである。受身の住民意識から自律的に当事者意識を有して自己決定できる市民意識が醸成して、市民社会を創造する方向への切り替えが必要と考える。

(2) 市民に開かれた人事行政は可能か

市政情報の開示や公開が進み、行政の可視化が高まっているようであるが、目に見えないところでの満足度では、特に現在の人事行政と称されている仲間うちでの行政内部における人的資源管理制度の公開と個人情報の開示はガードの固いところである。労使交渉におけるアンダーテーブルなところでの妥結などは、それを自治主体としての住民に開示したような話はいまだに聞かない。その公開され開示された内容の実行と評価に対する住民参加こそが必要なことと考える。さらに、短期的個人業績による合理性での成果志向の考えを単純に導入する以前に、日本での雇用慣行である年功的処遇への合意性による集団主義を顧みる必要もあると考える。共同体志向の年功的処遇は経済的効率性からは劣っているものの、行政組織が単純な経済的効率性による経済合理性の組織でないということは、行政内部のみならず外部でも納得されるところと考えられるので、長期安定雇用における良好な職場コミュニケーション維持のための年功的処遇の共同体志向と、長期的業績評価による集団主義における政策の継続性の利点を見直して、経済的に合理性を有するかとともに社会的にも合理性があるかという社会合理性を考えなくてはならないと指摘することができる。つまり、経済的影響とともに、社会に対してのインパクトの検討が必要と考えるのである。少なくとも、性急な経済的な合理性の論議よりも、日本的な合意性や納得性の問題を掘り下げて検討することのほうが重要と考えるのである。国際的な競争関係に巻き込まれる可能性が少ない自治体経営にこそ、その「日本的」の意味を考えることが許されるのではないかと考える。

現在、公務員制度改革をめぐっては労使双方とも経済合理性による不毛の論争に終始しているが、ここで住民が当事者であることを思い起こして、住民主導を達成することによる行政の支援活動を貫くことによって、いわば社会合理性による住民をも含めた労使間での公務員制度改革論議を再燃しなければならないと考えるのである。なぜ住民を含めるかという疑問に対しては、自治体経営においては住民こそが労働者側に対する究極の使用者側であることに反論できる者はいないと考えられるからである。これこそが、被治者としての住民が当事者としての自治を行う市民に変わる糸口と考えられるのである。市民が計画し、実行し、評価しつつ見直しをする人事行政という主張は不思議な表現でもなく、市民のための優秀な公務員を育成することは、つまり市民の財産を育てていくことは、経済的費用でなく社会的投資であると考え直さなくてはならない。

日本の公務員制度がメリットシステムといわれる信賞必罰的な処遇に甘かったことや、長年の年功的処遇の雇用慣行が長期勤続者において職務と処遇の乖離を招いていることは、既得権益優先による「ぬるま湯」的制度疲労から生じるものであるとの見方が的を射ているものと考える。しかしながら、公務労働に民間企業での経営手法を無制限に取り入れることや、公務労働の実行を株式会社といった営利を目的とする団体に任せることには疑問の残るところである。されど、公務組織は民間組織から学ぶものは何もないと切り捨てるような思考パターンも無理のあるところで、自治体での公務組織で改めるべきところは、国の補助金の有無や他自治体での実施状況、そして前例踏襲主義による政策決定、それに付随した慣例的な人的資源管理であると考えられる。少なくとも国に補助金を認めさすための計画に終始し、住民がお客様扱いされている体質は構造的なものであるが、これが改められないと本当の意味での自治はありえないと考える。人的資源管理については良く言われることであるが、労働組合の賃金闘争対策としてのモノ取り路線への労使双方による迎合や、質に対する対価よりも量的な数合わせに終始していることでは、これからは構成員の合意と納得は得られないばかりか住民からは「厚遇問題」との誤解を受けるものである。つまり、一部のエリート主義よりも、大多数の普通の職員の底上げを可能にする方策の必要性なのである。このような考えにおいて、全体的な人的資源の底上げが必要なことに異論を挟む者はいないと考えられるが、各自治体は民間企業における成果志向的処遇の徹底や、非正規職員の常態化による雇用柔軟型人的資源管理に終始している現実がある。このようなことが長期的な視野に立った投資的人材育成の観点にどのように影響しているかを踏まえて、従前の人事制度を見直すことが急務であると考えられる。繰り返し指摘するが、一部の優秀と考えられる職員によるエリート主義よりも、大多数の普通の職員の底上げを可能にする方策による全員政策人材化が市民に開かれた人事行政に通じるところと信じる。

となってくると、その関係性において複雑多様化する公共サービスと、結果を求めるために経済的効率性に一元化された価値軸によって単純画一化と縮小されつつある行政サービスの矛盾をどのように解決すればよいのであるかというところに戻ってくるのである。それには拙速な民営化を安易に受け入れるよりも、将来的な社会的投資を考えての①公務労働は安易な民営化や民間委託化よりも公務員が担当するほうが社会的に有益である。②公務員による公助が原則であるが、それが困難である場合に限って、住民主導を行政が支援に徹する形でＮＰＯや地縁的団体による自助を前提にした共助が必要になってくる。③地域コミュニティの再建は困難と思えるので、テーマ別アソシエーションの複合による共生地域社会づくりが重要である。という三つの仮説の信憑性が最大の問題点となり、それを論証および実証する試みを行わなくてはならないということになるのである。それは市民的行政経営が可能かという問題点と共通するところである。

◆注

（1）津田［一九七七：二〇二―二〇七：二五〇―三三：二九九―三〇九］は日本的経営とは集団主義経営であるとして、多数の著書を残している。現在では経済合理性から否定されようとしている年功的労使関係についても、非人格的な合理性・能率性とともに、人格的な納得性・合意という論理が二重に働いて、業績達成の非人格性である合理的機能集団としての官僚制と、共感による全人的帰依といった非合理的な共同生活体との合体が、生活共同体としての企業を形成していると説明する。この論点では、終身雇用・年功序列・企業内（別）労働組合の日本的経営の三種の神器と称される日本的雇用慣行が、一概に合理的でないと断定できない何かを潜めているとして、日本の歴史的な「イエ・ムラ」制度まで検証の対象となる。

（2）現代社会はあらゆることをお金に換算することの反省から、日本の経営者はお金で評価できないもの、人それぞれの労働には独自の価値があることを考えるべきと述べている。同様に、労働者も賃金は安くともお金で買えない価値を学んでほしいとも述べている［丹羽 二〇一五：七七—七九］。

（3）共同体志向の日本的経営の代表のひとつに松下幸之助が創業した松下電器があげられ、その経営とは「事業は人なり」の実践にあったと考えられる。従業員が会社について尋ねられたら、「松下電器は人をつくっています。電気製品もつくっていますが、その前にまず人をつくっているのです」と答えよと語ったとの記述がある。人を育てるとは、その企業が経営理念や使命観をしっかり持って、経営者や管理監督者がそれに基づいた力強い指導をし、日々の仕事において実践することであると述べている。以上のことを前提にして、仕事を思い切って任せることで成長があり、人間として社会人として立派な人を育てることを強く心しなくてはならないと続けている。要するに「任せる経営」とは、何も指示しなくても自分の思うように動いてくれるという経営法ではないかと考える［松下 一九七八：七八］。

（4）ジョブとメンバーシップについてはいろいろな研究者が分析しているが、本田は正社員と非正社員の特性を「ジョブなきメンバーシップ」と「メンバーシップなきジョブ」と表現し、「就職でなく就社」の根拠としている。また、教育の職業的意義として職業を適切に遂行できる「適応」力とともに、職業にまつわる諸条件をより妥当で適正なものとして要求できる「抵抗」力の二面性を主張している［本田 二〇一四：七七：一六〇］。

（5）Simon［1945：邦訳 二三四］は、「能率は、投入に対する産出の比として、また同じ事柄に対する最大可能値と実際値との比として定義される」と述べ、数値化でなく二つの代替的可能性の能率の大小でよいと明言している。消防車が警報に応じて消火に当たるスピードを考えたとしよう。もちろん消防部門の価値は火災損失を最小にとどめることと考える。火災に関しては高温乾燥や厳寒などの自然的要因があげられるだろう。建築物の密度や種類、さらに構造や内部の状態も影響するだろう。さらに、不注意や放火等の道義上の問題も要因となるだろう。消防部門はこれらのことに対して、不注意への防火教育を実施したり、建物内部を検査したり、消防士を訓練したりしなければならない。ホースやポンプそして梯子を運ぶ装置を保管して、消防士を訓練するところも必要であろう。放水のための消火栓も設置しなければならない。また、それぞれにはそれに見合う費用を必要とするだろう。火災損失を最小限にとどめるには、いろいろな要素をどのように組み合すことが可能であろうか。まずは、消防部門は消防署とそれを統括する消防局を必要とするだろう。その配置によって火災件数と火災あたりの平均損失を減ずることが目的となろう。その時に効率性という語句を思い浮かべるかもしれない。効率とは結果とそれを生み出した資源との関係である。金額で表すならば、火災損失額をいくら以下に減少させるにはいくらの予算を計上しなければならないか。逆に、いくらの予算をかけたら火災損失額をいくら減少できるかである。消火に予算を計上するか、防火に経営資源を振り向けるかは、代替的可能性の能率の大小であると考えられる。つまり、主に消火に当たる消防署の配置を減らして、消防局の防火教育課を強化することも可能選択肢だし、火災危険地域に消防署分署を設置することも可能選択肢だと考えられる。これを経営資源の効率的配置と考えてよい。そうなると、火災記録を収集する仕事は効率化のためには重要な課となるのである。正確な資料作りこそがすべての源泉となるのである。

経済合理性による最適化モデルが唯一の合理性のように考えられるが、財政的な制約もあって、行政での目的を達成する手段の選択は最適基準でなくて、最適ではないとしても満足できるものとなることが現実的である。つまり、「限定された合理性」における人間の満足基準で測定することや、産出されたものの中での成果である有効性に目を向けた考えが必要と考えられ、サイモンのアドミニストレーションの概念とはそんなものだと理解できるし、企業経営におけるマネジメントとは一線を画したものがあるようである。

（6）一九四六年一一月の対日合衆国人事行政顧問団フーバー団長来日から、一九四七年一一月のＧＨＱ民生局公務員課長としての再来日、そして一九四八年一二月三日公布施行の国家公務員法、さらに給与法の存在によって、日本の官僚と労働組合はアメリカ的な職務主義および成績主義を敬遠していくしたたかさが存在した。それにはＧＨＱのいわゆる「逆コース」、民主化政策に対して保守化した政府と官僚、さらに当時の生活給概念である電産型賃金を要求する労働組合の三者の思惑が均衡した結果と考えられる［三宅 二〇〇五：四四―四八］。

（7）マートンは官僚制の順機能を認めつつ、ある目標の到達のために手段としての規則を守ることが目的化されて、自らの保身に利用される形式主義や儀礼主義によって、本来の目標が阻害されることを官僚制の逆機能と考えた［Merton 1980：邦訳一八一―一八四］。

（8）ミッツマンは「鉄の檻」という有名なウェーバーの言葉を、その境遇から鋼鉄のような強固な家に押し込まれたウェーバーの隠喩として解題している。官僚の有する技術的、形式的な合理性の中に客観的に自己を沈めることで成り立たない社会に一番気がついているのは官僚自身かもしれない［Mitzman 1971：邦訳 一〇一］。

（9）行政経営が無力化し、民営化（民間経営化）の手法として「指定管理者制度」や「独立行政法人」が出現したが、政策的な処分事項である上からの「指定」にとどまらずに、市民の自発的な活動としての「市民管理者制度」まで高められると、真の民営化（市民経営化）ではないかと提案する［重本 二〇〇九：一四四］。

(10) 日本に導入されたＮＰＭで経済的効率性重視の市場志向モデルのアングロサクソン型ＮＰＭを第一世代と考えれば、福祉国家による改革で社会的不平等を正す北欧型ＮＰＭは第二世代と考えられる。さらに、ＮＰＯの台頭によるガバメントからガバナンスへという流れは、ノン・プロフィット・マネジメントといえる「もうひとつのＮＰＭ」で、公務員の役割も責任逃れでない市民支援活動に徹する活動に移ろうとしている。いずれにしても、外国のＮＰＭの直輸入でない日本型ＮＰＭが必要なことに間違いのないところである。

(11) 森啓は自治体にとっての市民を自治主体、自治政府を制度主体と考える。自治主体にとっての市民からは自治政府は自治客体であり、制度主体である自治政府から見た市民は制度客体である。これらの間には緊張関係が存在し、お互いを制御するが健全と考えられる［森 二〇〇八：一九―二五］。

(12) 権利を主張して侵害者に抵抗することは闘いである。権利を犠牲にして平和を選ぶ行為は根本的な解決とならない。権利による闘争は権利者の義務でもあると主張する。無権利状態に慣れきってしまうことは問題であるが、教養人としての品格も試されている［Jherring 1894：邦訳 四二―七九］。

(13) オランダは政労使合意を通じての市場化を図っていることを『オランダモデル』と称している。その特徴は正規雇用であろうと非正規雇用であろうと労働に対する時間単価が同一であることである。それを前提にして労働の多様化が実現するのであるが、非正規雇用を経済的環境変化への安全弁としている日本とは状況が大きく相違する。また、このように労使間の合意に政府が介入することは、日本においては現実的な選択とはいえない現状もある［長坂 二〇〇〇］。

(14) 日本がポスト福祉国家として「小さな政府」を目指す戦略であることは否定できないところである。租税制度が政策として先導している。つまり、応能負担よりも応益負担の論理である。企業は「大きな市場」を得て「大きな企業」へと成長していく。そうなるとそこに適応できなかった「小さな個人」を誰が支援するのかである［神野 二〇一五：一三九―五四］。

第2章 官房学などの統治的行政学から市民的行政経営論へ

❶ 行政経営における人的資源管理論の援用

すでに従前の行政学や官房学主流の行政運営は行き詰まりを見せており、経営学や人的資源管理論を援用した行政経営の必要性が取りざたされている。その割には、従前の行政学的判断が顕在で、人事行政における人的資源管理のプロは育っていないのが実情である。ここで先進的と称される神奈川県横須賀市・岐阜県多治見市・大阪府岸和田市における取り組み(1)から人材育成型人事制度の可能性を推し量ってみる。各自治体においては露骨な団塊世代への分限免職というような首切りリストラはなかったが、それだけに雇用の調整と退職後の対策が遅れたともいえるのである。さらに若年層からは「働かないオジサン問題(2)」と言えるような不満も聞かれるところである。民間企業においては表面化していないということは民間企業の中高年層が優秀であったということではなく、そのようになる前に「解雇」「退職勧奨」「転籍出向」などで問題整理していた事実であり、決してこれは人的資源管理の上からは好ましい解決法とは言えなかったと断言できる。それでは、公務組織が民間組織に手本を示せるような人的資源管理が可能であるかを、今こそ、住民が究極の使用者であることを思い返して、住民の公共的福祉の増進に向けた長期的視野に立った人材育成策と人事制度の構築を考えなくてはならないし、制度客体としての被治者住民から自治主体としての自律的市民への脱皮の可能性も考えなくてはならない。

(1) 神奈川県横須賀市役所の職務と処遇の乖離を防止する組織変革

神奈川県横須賀市は人材活性化とともに組織変革に力を入れている。各自治体の抱えている団塊世代のポスト不足を、組織フラット化を進めることとともにそれに伴うモチベーション低下を防止する取り組みを断行した。たとえば、若者世代の団塊世代に対しての不満で断然多いのは「役職の割りに仕事ができない」ということであろう。つまり、職務と処遇が乖離していることの不満で、「あの親父の二倍働いて給料は二分の一か」とのぼやきになるのである。ところが、当の本人は「もともと管理職なんて職務に就こうと勉強したこともなく、役職にはたまたまそうなってしまっただけさ」と居直ってしまうことが常套であろう。団塊世代が若者であったとき、そのときの中高年に対する不満はあったものの、自分も中高年に達すると年功的処遇を受けられるだろうといった心理的保障があったと考えられる。つまり、若いときの苦労や損失を中高年になって取り戻せるとの考えを担保として終身雇用制度が成り立っているとも考えられる。しかし、現在の若者にはその保障はまったく無いといえるのである。若者世代は団塊世代の無免許運転の自動車に乗せられていて、行き着く場所もわからないといった不満が存在するのである。少なくとも役職者の増大は権限や責任の分散を招いて、組織内での反応を遅くしてしまう。ここに若者世代が最も嫌う「組織の老害現象」が発生するのである。横須賀市のフラット組織への取り組みは、構成員の合意と納得の上に職務と処遇の乖離の解消をはかったものである。それは中高年層とともに若年層にも処遇の級の下方修正を求めるものであった。

官庁の官僚制組織はピラミッド型構造である。これは軍隊式の直系組織で、自己の属する上官の指揮命令に従うことが基本の上意下達なタイトな組織である。所属することは従属することで、部下よりも上司の数が少ない故にピラミッド型構造となり、昇格希望者が多ければ、役職を増やすことによる中太りの釣鐘型構造や背の高いピラミッド型構造となる傾向がある。いずれにしても土台の部分が小さくなって安定性にかける構造にならざるを得ない。これら組織の特徴は上司が恣意的でなく組織の規則に従った意向を伝える役割を担うのであるが、その上司にはさらに上司がいて、そのまた上司が存在する背の高い組織構造となってしまうと、組織全体としての反応速度が遅くなり、現場での実際に起こっている現象と乖離した意思決定がなされる危険性を有している。現場での出来事は上司に報告され、その上司の判断を超えるものはさらにその上司に報告されて指揮命令を待つ上意下達であり、臨機応変な対応とは程遠いものとなる。報告・連絡・相談のいわいる「ほうれんそう組織」はルーチンワークの集団では例外管理によって効率化が図られるが、毎日がスクランブル状態の集団では現場に権限委譲しなくては組織効率を悪くしてしまう傾向が指摘できる。その特徴をまとめると、第一にその職位の階層が職能資格の階層と対応していて、資格によって処遇が決定されるために資格を上げて職位に就くことを原則としている。軍隊で言うならば少尉が資格であって、小隊長が職能である。当然、上位の職位に行くほどその職位数が少なくなるため、競争が熾烈になる階級組織である。第二にこの資格とは基本的に年功であって、採用された年次やある資格においての在留年数と功績が上位資格への条件で、そのことに対する構成員の合意と納得が前提である。つまり、若年でありながら優秀な者も年次資格を取得するまでは抜擢はない。第三に階層的な組織を上昇する場合、学歴や身分によるファストトラックが設定されて、中高年層による組織硬直を避ける仕組みがなされている。第四に女性が基幹労働力とみなされていないため、女性が結婚や出産で退職することによってピラミッドが維持される傾向があることである［奥林・平野編 二〇〇四：四―六］。基幹労働力とみなされる男性も早期にあきらめさせずに長期的な競争に参加させ、ある年齢に達して昇格をあきらめてくれるので安定したピラミッド構造になると考えられる。

このような官僚制組織に対するフラット型組織は、軍隊で言うならば現場の兵士に発砲する権限が委譲されており、臨機応変に冷静な判断にての行動がそれぞれ一人ひとりに求められている組織と言える。ピラミッドのような背の高い組織構造でなくて、文鎮のような背の低い組織構造で変化へのスピード対応が求められている。現場兵士に発砲の権限を与えられなければ、発砲されて命を失うような厳しい組織である。第一にコース別雇用管理がなされていて、周縁労働力として雇用された者も基幹労働者として活躍できる支援制度が可能となる。具体的にはアルバイトとして雇われた人手にも責任による人材化が図られている。第二にキャリアを自己選択する制度が存在している。人事異動における希望を自己申告制度やＦＡ制度によって発することにより、将来のキャリア形成を自己の意思に基づく選択の可能性を有することが担保されていることである。第三には管理職年俸制等の普及で、属人的な要素によって処遇されることを避けて職務的になり、学歴や年齢といった属人的要素を人事評価では排除できることである。第四に専門性を認めた専門職制度の普及により、管理職にならなくても専門職としての管理職処遇が可能となる。つまり、部下が何人存在することよりも仕事ができることによるステイタスである。第五に個人の自律性を尊重した福利厚生制度で、一律的なものから個人的なものへの転換が図られうることである［奥林・平野編二〇〇四：一五一―一七］。以上のような可能性を有しているのがフラット型組織の特徴であり、従来の組織にコミットメントした人手よりも、仕事にコミットメントした人材が重要なところとなる。その点においてフラット化とスリム化は似て非なるものと考えられるのである。

横須賀市役所では一九九四年より係長制から主査制（チーム制、グループ制）への移行に取り組んだ。一九九八年には全面導入し、主査制を軸とした組織のフラット化をはかった。属人的な要素を薄めて職務的に組織改革した特筆すべき自治体である。言いかえれば、時代のニーズに即応するための、よりフレキシブルな執行体制を目指した取り組みであった。と同時に、一九九九年にはポストレス時代の管理職のあり方を示す公募と論文選考による総括主幹制度を創設し、その制度を今後ポスト不足になる課長昇任への登竜門とする取り組みを始めたのである。処遇課長級の総括主幹や主幹は、主査制にて職務ごとに割り振られた仕事においては、自分よりも下位の処遇主査の主査権限での部下となって、処遇上の上司と部下が職務上は逆転することもありうる結果となった。しかし、処遇が課長級と主査級であることを度外視して考えれば、仕事に応じたフレキシブルな組織と考えることができるのである。つまり、課長として決済できる権限を有した課長以外の課員は、すべて課長の部下ということで処遇上の課長級と主査級は過渡期的現象に過ぎないのである。以上のことが達成されて、課長は名実ともに管理の職務を担う管理職となるわけである。処遇は年功制を継続しつつ、主査という権限にて職務上の単位が構成されるこの組織は、まさに年功制による職務と処遇の乖離を組織のフラット化によって、解消しようとしたものである。ここでは処遇による管理職としての部長・副部長・参事・課長・総括主幹・主幹とそれ以外の主査・主任・担当者の九段階を、職務権限によって部長権限・副部長権限・課長権限・主査権限・権限なしの五段階に圧縮した職務本位の組織が形成されている。そうなると職務権限を有した管理職としての課長のポストは激減するので、先述のように公募と論文選考によって課長候補生としての総括主幹制度での人材育成が必要となってくる。これにより管理職としての課長は日常業務の管理にとどまらず、人材育成といった重要な任務を担うこととなるわけである。つまり、管理職と称される課長には管理職しての名称とともに職務主義に業務が徹底されるのである。さらにトップマネジメントとしての部長級にもそれなりの資質が求められるものである［金安・横須賀市都市政策研究所 二〇〇三：一一二］。

処遇による序列			権限による序列	
（役職等）	（処遇）	（処遇の級）	（役職等）	（職務権限）
部長	部長級	八級	部長	部長権限

副部長	副部長級	七級
参事	副部長級	七級
課長	課長級	六級
総括主幹	課長級	六級
主幹	課長級	六級
主査	主査級	五級・四級
主任	主査級	五級・四級
担当者		三級・二級・一級

副部長	副部長権限
参事・課長	課長権限
総括主幹・主幹・主査	主査権限
主任・担当者	権限なし

以上のような主査制については、全庁的なアンケートによって見直しを図っている。拙速なチーム制やグループ制への移行は組織上の混乱が生じ、これを改めて課長直結方式を導入したり、組織の自由度を増すための同一チーム内での複数主査制や、主幹に課長代理機能を持たせて責任を喚起したりする試みがとられている。この主査制のメリットとしては事務処理に関しての柔軟性、意思決定の迅速化、職員定数の削減等が挙げられるが、課長にかかる負担が大きいのが難点で、業務によっては決済が複雑になり、また、専門性の高い業務は主査制に馴染まなく、主幹と主査の関係がしっくりしない等の根強いアレルギー反応も指摘されている。さらに、トップマネジメントである部長級のマネジメント能力向上の問題も組織改革には当然不可欠なものであると指摘できる。横須賀市の新しい人事制度導入の特徴はアンケート調査等によるフィードバックにあり、職務と処遇の乖離の矛盾を二〇〇六年四月実施の役割による等級制度で、旧制度の九段階を部長級・課長級・主査級・担当者級の四段階にフラット化し、しかも給与表はそのままという形で実施するためには何らかの工夫が必要となった。それをまとめると、部長級（八

級）・課長級（七級・六級）・主査級（五級・四級）・担当者級（三級・二級・一級）ということになる。

この新しい等級制度の特徴は職務と処遇の乖離を一挙に解決するもので、組織における役割を基準とした役割等級といえるもので、役割における職位は担当者級に主任（三級）と担当者（二級・一級）が存在する以外は役割と職位は一致することとなる。これによって年功的な制度運用は一掃され、職位と給料表の一致により職務と処遇の乖離は存在しなくなるのである。課長級は職務と処遇の一致した課長しか存在しなくなり、課長の職位にないものは主査級へ給与表とともに降格となる。このことにより主査権限が職務の単位であることが一層鮮明になった。同じように主任についても担当者級であるために四級から三級への降格となったが、現行の給与表の適用によって現給保証する努力は取られ、減給となることでのモラール低下を防止しいている。しかしこの工夫も過渡期的なものであり、新しい等級制度と給与表の合致は必要と考えられる。しかも能力開発研修を必修研修とすることにより、その研修未履修者は昇格資格を獲得できないという厳しいもので、単に年齢や在等級年数によって資格が与えられることを防いでいる。また、人材育成や職務評価への資質向上は部長級・課長級職員には当然必要なもので、組織のリーダーとしての意識改革が求められている。具体的には、コーチング能力・マネジメント能力・人事評価者としての能力・コミュニケーション能力が、役割とともに求められる能力とされている。昇任昇格要件となる職位別研修では、団塊世代が恩恵を得た年功的要素よりも、基礎的な職務能力とともに対人関係能力や政策形成能力が人事考課の基本となるように徹底されている。当然、今まで以上に若年層に有利な状況になると考えられるので、今まで以上に若年層に対する期待が大きくなっている。それと同時にそれなりに既得権益化していたものを失う中高年層に対する対策も重要であると感じられる。

(2) 岐阜県多治見市役所の人事評価の客観性に徹する目標管理

岐阜県多治見市は、市長マニフェストによって、何を目標として市政を運営するかを市民に知らしめる努力を行った自治体として先進的事例である。自治体内部の市政運営については、職員全員へ市政の目標や優先順位を明らかにし、それへの方向性ベクトルを合わせて、自立と自律の人的資源管理を目指したものである。市長による全課長へのヒアリング実施により、市長指示事項を共有する取り組みがなされている。そしてそれは多治見モデルと称される目標管理制度による人事評価がその骨格をなしている〔西寺 二〇〇四：三二〕。目標管理制度とは組織目標と個人目標の統合を目指していて、組織のやるべきことと個人のやりたいことのリンクによる経営資源としての「ヒト」の管理である。その前提は自己統制にあり、決して自分勝手に気ままな状況を指すものではない。自らの目標を実行した場合の結果への責任を有する限りの自由裁量である。それが単なる方針管理やノルマ管理の手段として考えられることが多く生じるが、多治見市の事例は、自らが高い目標を設定し、それに難易度や達成度を加味して点数化し、処遇に反映することによりインセンティブとモチベーションを統合するもので、その結果としての業績向上と人材育成を制度化したものである。

この目標管理制度は組織目標と個人目標をリンクして、実際の達成度によって得点化し、処遇にその結果を反映することを特徴としている。以上のような目標に対する得点化された実績評定と、〇点から六点までの能力・態度評定の二本立てである。一般職に求められる能力・態度評定は企画・改善、業務推進・処理、理解力、市民対応、知識・技能、責任感、積極性・熱意、協調性の八つで、管理職に求められる政策形成、管理・統率、経営観念、指導・育成、決断力、折衝・調整、知識・技能、責任感の八つとは相違している。また、一般職では実績四〇パーセント・能力や態度六〇パーセントに対し、管理職では実績六〇パーセント・能力や態度四〇パーセントと逆転したウエイトがかけられている。たとえば、目標シートには管理職では「具体的な条例を地元との協議を経て九月市議

表１　実績評定における難易度決定表（岐阜県多治見市）

	躍進	前進	維持
期待以上	Ｎ１	Ｎ２	Ｎ３
期待どおり	Ｎ２	Ｎ３	Ｎ４

（注）表の数字は，重要度の順位を示す.
（出所）「平成 18 年度目標管理による勤務評定マニュアル」多治見市企画部人事秘書課.

会に上程のうえ施行する」と目標記入し、二月にその成果を記入する。それに以下に述べる難易度・ウエイト・組織目標達成度が加味されて、その目標に対する得点が算出される。その後に上司による一次評定・二次評定がなされて、それぞれの目標の総和が実績評定の得点となる。さらに、能力・態度評定においても評定項目に対する自己評定が一次評定・二次評定を経て、その総和によって得点の素点が確定する。能力・態度評定は管理職では六分の五に減じて得点とし、一般職では四分の五に増やして得点となる。それを実績評定得点と加えることによって、合計点が確定する仕組みである。さらに独自目標加算項目として、資格取得や自主研究会活動、学会や研究会での発表等が任意設定できる。この任意の目標を認める意義は、目の前の仕事ばかりでなく、本人の発達成長を期待することによる将来性にかけるということである。この点は目標管理における内発的動機づけを誘導する意味からも重要なところであると考える。その目標を達成できれば、一点から五点まで評価されて加算点数となる。難易度決定表は**表１**のとおりである。

役割期待度「期待以上」とは、当該職員の担当・実施していく職務目標が、当該職員より上位の職務級が行うべき内容である場合である。「期待どおり」とは、当該職員の担当・実施していく職務目標が、当該職員の資格等級にふさわしい内容である場合を指している。職務目標「躍進」とは市長指示事項のように重要方針に沿った内容で、庁内外における調整が困難と見込まれるものである。「前進」とは、「躍進」とはいえないものの、前年度より向上した内容である場合や業務改革・改善と明確に位置づけられているものである。「維持」とは、そのままのやり方を継続する「躍進」にも「前進」にも該当しないもので、目標を四つ設定した場合には目標一から目標三は「躍進」「前進」を期待されるため、目標四のみが通常の担当業務の遂行や運営となる公算が高い。つまり、目標一から目標三は、政策的課題やチャレンジを要するものを目標としなければならないように、目標の出し惜しみを防止する意味合いもある。個人目標ウエイトは合計が一〇〇パーセントになるように五パーセントきざみに目標設定時に面談者と話し合って決める。前述のように個人目標は原則として四つ設定し、通常業務は目標四となる。達成度決定は期待を上回る（T1）、期待をやや上回る（T2）、期待どおり（T3）、期待をやや下回る（T4）、期待を下回る（T5）で、難易度決定表とのマトリクスは**表2**のようなものとなる。

T1とは自ら問題意識を持ち、創意工夫しながら取り組み、付加価値を高めて、成果に対する責任ある説明ができることである。T2はそれに次ぐものでミスもなく申し分ないものである。T3は多少のミスもあったが、業務には支障がなかったものである。T4は一部未達成なものがあり、達成できたとしても他人の助けを必要としたものである。積極性や責任感もやや不十分とみなされるものである。T5はミスや問題が多くて業務を停滞させ支障をきたしたものである。これを先に例示した管理職の具体的な条例制定施行を得点化すれば、この管理職はこの目標を「期待以上」の「躍進」と考えたため「N1」である。ウエイトは二五パーセントで達成度は「T3」と考えたとする。得点の算出式は、八〇（T3、N1）×二五％＝二〇点となる。それにその他の目標の得点を総和すれば、実績評定の得点となるわけである。ここでその総和が七〇点ならば、先述したように管理職実績評定割合の六〇パーセントを乗じて四二点となる。一般職ならば四〇パーセントを乗じることとなる。さらに、任意設定の独自目標加算点として、目標「他の自治体職員との研究会に参加して、研究発表を行う」、成果「フォーラムを開催し、本市政策の事例発表をした」を自己評価して、一点を加算することが可能である。もう一方の自己評価である能力・態度評定の八項目を〇点から六点までに評点化して、たとえばその総和が二四点ならば、管理職能力態度評点割合の五／六を乗じて二〇点となる。一般職ならば逆に五／四を乗じて評点が増点されることとなる。この三種類の評点

表2　目標達成度と難易度とのマトリクス（岐阜県多治見市）

	T 1	T 2	T 3	T 4	T 5
N 1	100	90	80	70	50
N 2	90	80	70	60	40
N 3	80	70	60	50	30
N 4	70	60	50	40	20

（注）Nは難易度および重要度順，Tは達成度順を示す.
（出所）「平成18年度目標管理による勤務評定マニュアル」多治見市企画部人事秘書課.

である四二点と一点、そして二〇点の総和である六三点が自己評価として、その上司である一次評価者、さらに二次評価者の評定を経て、総得点が確定する。

この数値化された評価が、新年度四月以降の昇任・昇格の参考資料となることは容易に予測できる。つまり、上司の恣意性をなるべく排除した客観的データにより昇任・昇格の選考がなされるのに、異論があるわけではない。この点については労働組合をはじめとする職員の大多数は賛成したとのことである(3)。今までの内申書方式では上司に対するイエスマンや、たまたま良い上司に巡り会うことが有利に作用して、「運も実力のうち」となりかねない状況であったが、目標管理制度によって構成員の納得性が増していることは確実である。次に、勤続期間中に何回も巡ってこない昇任・昇格の機会よりも、給料に反映させることのほうが確実に人事評価に対するメッセージを伝えることができると考えられる。たとえば勤勉手当に対する反映である。毎年三月の市長指示事項等を受けて四月には組織目標と管理職の個人目標が立案される。五月にはこの管理職個人目標と組織目標が調整され、難易度の目安等も決定される。と同時に、一般職の個人目標案が立案され、上司との面談にて調整決定される。九月にはその年一回目の自己評定・一次評定・二次評定がなされて、一二月期の勤勉手当に反映される。必要がある場合は個人目標の変更を認めて、二月にその年二回目の評定が行われて、六月期の勤勉手当に反映されることとなる。従前は条例で給料の月額等の勤勉手当基礎額プラス扶養手当の月額等を加算した額の一〇〇分の七二・五を乗じた額と規定されていたが、二〇〇六年六月分以降は成績上位の五パーセントのS

ランクが一〇〇分の八六に応じた支給と規則で運用されている。同様に、三〇パーセントのAランク一〇〇分の八一・六〇パーセントのBランク一〇〇分の七一・五パーセントのCランク一〇〇分の六一と運用されている。さらに昇給管理にも活用され、現在の一号俸を四分割したうえで一般職の成績上位五パーセント程度のAランク八号俸以上、一五パーセント程度のBランク六号俸昇給を二〇一〇年には実施する。残りの八〇パーセントの職員はCランク四号俸、Dランク二号俸、Eランク昇給無しとすることも決定している。具体的にDランクとは①昇給日前一年間に減給又は戒告の処分を受けた職員、②昇給日前一年間に要指導職員の指定を一度受けた職員、③昇給日前一年間の六分の一に相当する期間の日数以上勤務していない職員を基準とする運用である。同様にEランクは①昇給日前一年間に停職処分を受けた職員、②昇給日前一年間に要指導職員の指定を二度受けた職員、③昇給日前一年間の二分の一に相当する期間の日数以上勤務していない職員が基準となっていて、厳格に運用するということである。これら点数による定率分布割合を決める相対評価は客観的評価のように考えられるが、いわば資格とされる絶対評価よりも曖昧なところが多いと考えられる。たとえば、一〇〇人中の五人目と六人目がわずか一点差であったため、上位五パーセントの相対評価を適用するための合否判定に大きな意味があると考えられるのであろうかという疑問である。しかしながら、このような人事評価が最終的な目的ではなく、公務における使命を達成していくための手段と考えるならば、能力や態度といった情意的な判定は、まさに本人の情熱と意欲といったやる気を切らさないための手段であると考えられるのである。そうなると合格できなかった職員も「喜んで落ちてもらえ」ということになり、この手段が構成員の合意と納得の上に成立しているかが、制度的運用の成否をわけるものと考えられるのである。いずれにしても上司の恣意性を少しでも客観的にすることは可能で、そうなると上司の評価者としての資質が問われるところとなる。

以上のような人事制度改革は国の制度の準拠や先取りというよりか、目標管理制度による人事評価が国並みの制度運用を可能にしていると考えられる。二〇〇一年からの目標管理導入は、ここにきて処遇反映を目的とした制度に進化しており、最終的な形である人事制度における評価の手段として落ち着いているのかもしれない。さらに管理職昇任試験では小論文試験三〇パーセント・口述試験三〇パーセント・総合評価二〇パーセントとともに勤務評定結果を二〇パーセントのウエイトを置いている。係長試験においても小論文試験五〇パーセントとともに、勤務評定結果のウエイトを五〇パーセントとしている。成績降任についてもこの勤務評定が使用され、分限処分の客観的評価による運用を可能としているといえる〔多治見市 二〇〇五：六九―七四〕。上意下達の上司の指示に依存した体質を、部下主導上司支援の自立性重視の組織への変革を達成すること、そして、自分で考える自律性による人材活性化を構成員の合意と納得の上でなされるかが、この制度の重要なポイントであると考えられる。

(3) 大阪府岸和田市役所の逆転発想での明るい人事考課

大阪府岸和田市では職員の職務・処遇管理に際して、「統制と報酬」で管理する処遇管理型人事評価から「職員の個性を尊重し、能力を伸ばし、個性ある人材をつくる」人材育成型人事考課への脱皮を図ることを全庁的に取り組んでいる。人事評価を給与等の処遇に直結すれば、公務員制度改革で労働組合側が抵抗したように就労条件にまつわる交渉事項となって、入り口段階で頓挫して画餅に帰することが予想される。それならば人事評価を処遇と離して、本人にフィードバックすることで人材育成の道具としようと考えたのである。つまり、優劣を決める査定により処遇への格差づけを目的としない人事制度の確立を模索する逆転の発想である。(4) 同時に優劣を決めるニュアンスの強い「評価」という語句を、意識的に業績の報告との意味合いを持つ「考課」に変更し、人事考課と呼ぶようにした。一般職にはコンピテンシーによる能力評価、管理職には目標管理による業績評価としたこの制度は、職位が上位になっていくほど業績評価部分にウエイトを置くようにしている。つまり、部長級は自らに目標を課してその業績で評価しなければならないが、目標を自ら課すほどの権限のない一般職にはコンピテンシーによる能力評価のみでよいという考えである。そしてその能力評価はコンピテンシー・ディクショナリーをより簡易にして誰でもが馴染めるようにし、さらにそれをフィードバック面接において自己啓発を触発したことにその特徴がある。また、画一的な共同性よりも各自それぞれの共通項で方向性を模索する個性を重要視した。

ここで言うコンピテンシーとは、一九五〇年代にハーバード大学教授マクレランドが氷山の水面下にある把握しにくい能力をコンピテンシーと考えたことより始まる。つまり、水面下の人格的なものは先天的なものであって、これを水面上の後天的な知識やスキルと同じように考えることはできない。把握しにくいその人の価値観等が水面近くで行動となって顕在化すると考えられるため、能力というよりも適性に近いと考えられる。(5) それならば高業績者の行動特性を研究すれば、この能力の測定は可能なはずである。基本はテイラーの科学的管理法における動作研究や時間研究と根元を同じくするものと考えられる。この行動により可視化されたところでの評価とは、成果につながる行動を評価するもので、それを処遇にリンクさせるのが常識であったが、岸和田市役所のように人材育成の目的のみに使用するといった試みはユニークなものであるといえよう。また、このような適性概念はある組織の中に限定される個人との関係にとどまる発想と考えられるが、それを組織内での開放にとどまらずに公務という社会性にオープンしていく発想は特筆すべきことである。

人事制度改革への道のりは二〇〇二年三月の「岸和田市人材育成基本方針」策定とともに加速した。この「個性を生かし、人を育てる」タイトルの人材育成基本方針には、その意義を都市間競争に勝ち残るために事業計画し、事業実行していく組織戦略と人材戦略が必要と明記され、その人材戦略を担うのが人材育成基本方針であるとされた。具体的には、すぐれた能力を持つ個性的な職員をつくらなければ、個性のあるまちづくりはできないとし、タテ型組織での「決められた枠組みの中で型にはまった行動様式や思考パターン」からの脱却を目指すこととした。

それには協調性が高く組織の秩序を乱さない「個性のない職員」をつくる従来の常識である人事制度を改めなくてはならないと断言した。そして新しい人事制度のコンセプトを「職員の個性を尊重し、能力を伸ばし、個性のある人材をつくる」こととした。必要とされる能力は、接遇能力、コミュニケーション能力、サービス精神、積極性・行動性で、岸和田市役所が求める個性のある人材とは、市役所と今の仕事を変革できる職員、得意とする分野を持っている職員、哲学・ポリシーを持つ職員、政策をつくり実行できる職員とされた。この個性のある職員とは決して協調性のない自分勝手な職員でなく、組織人としての協調性を持ちつつ決してイエスマンでなく自分の意見をはっきりと言える職員で、しかも評論家でなくて職場で建設的な意見やプランを提案し実行できる職員とされている。いわゆる政策人材を具現化した文言である。

より具体的な人事制度の構築として、昇任管理の透明性を増すために従前の年功序列の運用から明確な昇任基準運用による客観的な人事評価方法の確立、コンピテンシーに基づく基準での挑戦的な加点主義の人事評価、知識偏重でなく対人能力など総合的な能力と適性を評価できる昇任試験のあり方、一定時期にゼネラリスト（総合職）・エキスパート（専任職）・スペシャリスト（専門職）のコースを選択しキャリア形成のできる複線型人事制度の導入を列記した。特に「部下の育成」を実績評価の要素として重視するとの記載は注目に値するものと考えられる。以上のように基本方針で明記したことにより、二〇〇三年四月よりコンピテンシー能力評価による新しい人事考課制度の試行に踏み切り、同時に労働組合との協議に入った。「まずやってみよう」の精神が貫かれているが、決して無理をして強行しない姿勢も貫かれた。この強行しない背景には、岸和田市役所の労働組合が競争により格差をつける人事制度に反対姿勢であるために、より慎重な対応が求められたと指摘できる。

岸和田市役所の人事考課制度はタテマエでなくホンネを基本とした実態に即した制度である。実際に行う職員の納得がなければ、どんなよい制度もタテマエに形骸化してしまうことは自明の理である。また、実際にホンネで運用して自己の能力の強み弱みに気づいてもらうことを基本としているため、勤務時間中でも簡易に記入できる様式を独自開発したのである。一般的にコンピテンシー・ディクショナリーは項目も多く評価基準も複雑である。岸和田市役所の能力考課シートの考課項目は、基本コンピテンシー（必須）としての①変革力、②市民満足志向、③コミュニケーション、④職務遂行力、⑤自己能力開発、⑥職場マナー・チーム貢献と、後は六つの項目から二つを考課材料として選択できる職務コンピテンシー（選択）の⑦情報収集、⑧OA活用力、⑨計画力、⑩対人関係力、⑪セルフコントロール、⑫人材育成力の一二項目で、実際記入しなければならない項目は八つのみである。各考課項目にはそれぞれ三つのコンピテンシーが設問されている。たとえば、「①変革力」に対しては一．現実に満足せず、改革・改善策を積極的に提案し、メンバーや周囲の関係者から賛同を得ている、二．前例や慣習にとらわれず、新しい考え方で担当業務を改善・改革する、三．困難な仕事に挑戦している（抵抗勢力や各方面の圧力に対して勇敢にたちむかう）の三つが着眼点として設問されている。しかもそれに対して、a（このような行動がよく見られる）、b（このような行動がたまに見られる）、c（このような行動はほとんど見られない）に記入するのみである。被考課者の記入は八つの考課項目で二四カ所の着眼点にたいするa、b、c選択のみで、aとしたりcとするところには簡単なコメントが必要とされている。もちろん、オールaを記入したりすると考課不能となるが、簡易さと開放性が功を奏して被考課者記入ではそのようなことは生じていない。本人考課による各考課項目五段階の考課点を算出し、必須項目には二倍・選択項目には四倍にして総和した総考課点記入し、提出した後に第二次考課と第三次考課がなされるが、それぞれの上司である係長や課長が受け持つこととなっていて、それに対するフィードバック育成面談がなされることとなる。この面談でも目的は人材育成にあることが謳われており、人材育成とは能力開発であることを明確にしている。しかしながら、考課シートの返還を遅らして面談を逃れる上司がいたり、事務的な面談で的確なアドバイスがなされないとの不満も根強いものがある。そのような不満が出ないような上司の部下に対する面談ポイントとして、誠実な態度、悪い点も告げる勇気、事実に基づく説明、プライバシーへの配慮、相手が求めるものを確認することを挙げている。また、選択考課項目の考課点を必須考課項目の考課点の二倍にしていることは、個性を考課点に反映できるようにしている工夫と考えられる。

以上を整理してみると、第一に「信賞必罰」の人事評価制度でなくて、人材育成・能力開発を目的としていることが指摘できる。次に「まずやってみよう」「わかりやすい」「明るくおもしろい」の考えが貫かれていることが判明する。さらに、何よりも独自開発した現場に即応した考課制度であることが特徴点である。これらの考課に際して、積極性や協調性といった上司の主観に委ねられる情意評価よりも、コンピテンシーに基づく客観性を重視した能力評価に移行しようという意欲が見られるのである。すべては職員の公平観、納得性、信頼の上に成り立つものであるといえよう。結論として、自己の得意とするところや強みへの「気づき」に基づく自己学習を期待し、人は「自学」で育つという考えが貫かれている。国家公務員制度改革における能力等級の導入の試みは何らかの形で各自治体に波及するものと考えられるが、単純に民間企業の成果主義を導入することでは納得性に欠けるものと考えられる。過度な成果志向の考えを意識することなく、岸和田市の人事考課は、そしてそれに基づく処遇は人材育成を目的とした手段であるとの信念を貫かれていて、対話型了解志向の考えに基づいたものと判断できるものである。つまり、一人ひとりの個人的短期業績よりも、使命に基づく社会に働きかけるという社会的で集団的な長期継続的業績が期待されているのが、公務員であるということに基づく人事考課なのである。「個性的な職員集団」と呼ばれる行政組織で、個人的にも集団的にも職員のモチベーションを高めるのは、処遇管理型人事評価における「報酬と統制」ではなくて、人事育成型人事考課における「内発と自律」であると説くわけである[6]。それには職員の合意と納得が必須条件で、それなしでのタテマエでは、どんな制度もやがて形骸化してしまうことは言うまでもないことである。面談にてフィードバックする人事評価制度はまさに了解志向を前提にしており、面談での内容を義務的に内申書として人事部門に提出するだけの制度とは一線を画している。この点において自治体人事の専門である稲継裕昭は「賃金よりも重要なインセンティブは、仕事そのものの達成感や充実感である」[稲継 二〇〇六：一九一]と指摘している。

あいまいな保有潜在能力の評価は、評価者の主観そのものであって公平なものとは言いがたく、納得性も低いものと考えられる。また、はじめから高い評価を与える者が決まっている評価は、評価のための評価に過ぎないと考えられる。評価者も評価を受けるものも開放的で明るい評価を期待しているのである。上司が一方的に部下を評価してのブラックボックスにて管理するやり方は、その評価者の資質も公開されないばかりか、どのような評価をされたのかも分からない暗いものである。それよりか、お互いが目標を共有して双方の資質向上のためにコミュニケーションをはかれるところの開放的な明るい人事のほうが本筋と考えられる。そして、明確に保有顕在能力を気づかせることが重要であると考える。しかも、その人事評価は優劣を決めるものでなく、お互いが話し合って仕事の実績や発揮された行動を記録・報告する人事考課であると位置づけた対話型了解志向を原則としていて、潜在能力というようなあいまいなものでは人材の活性化は困難である。人事評価は明るいものであり、自らの得意とするところや強みに気づく過程である。人が人を評価するという暗いイメージを払拭して、お互いが考え合う考課であると導くのである。そのような考えでいると、自らの意思によって学習することになり、そのことが結果として公務員の使命としての職務を遂行することになるのである。人事考課とはそのための制度的手段であり、結果として優秀で個性的な職員集団を形成することになると考えられる。この自己学習のための制度が組織文化となり、組織としての強みを発揮することを期待するものである。地方公務員法第四〇条第一項には、「任命権者は、職員の執務について定期的に勤務成績の評定を行い、その評定の結果に応じた措置を講じなければならない。」と明文化している。決してそれは賃金に格差をつけるとは書いておらず、大目的のための手段なのである。それならば、「何のために、

表3　各市役所の人事制度の特徴

	神奈川県横須賀市	岐阜県多治見市	大阪府岸和田市
調査年月	2003' 11・2006' 08	2006' 10	2006' 07
人的資源管理の特徴	組織フラット化	目標管理制度	人材育成型人事考課
人事行政上の狙い	職務と処遇乖離防止	人事評価の客観化	良好な職場人間関係
業務執行体制の基礎	職務単位の主査制	職務遂行可能な職員	個性的職員の集団
期待できる効果	役割に応じた処遇	業績の処遇への反映	気づきと自学
評価すべき注目点	役職インフレ防止	人事評価の数値化	人事フィードバック

（出所）面接聞き取りにより筆者作成.

何を評価するか。」が明示されて、職員の合意と納得を得ることが重要となろう。個人よりも組織としての業績を重要視する人的資源管理の実践や、それが達成された後の大目的とは、同法第三〇条「すべての職員は、全体の奉仕者として公共の利益のために勤務し、職務の遂行に当っては、全力を挙げてこれに専念しなければならない。」を達成できることであると考える。人を評価することは日常的・経験的に行われているが、それを制度化することは困難なことなのである。ましてや、その評価者による評価によって不利益が生じるとなると、良好な職場コミュニティは維持できないかもしれない。

以上、三つの市役所の人事制度の特徴を表にあらわすと、次のとおりのようなものになる。この中でも大阪府岸和田市の人的資源管理は個性的な発想の職員を期待していることと、自らの強みに気づいて自主的に学習をすることを望んでいることは特筆に価することであると考える。

以上の三つの市役所における人的資源管理の制度事例から、公務を公務員で実行する前提ならば、その市民的公共性を担保できる人材の確保とそれに対応する人的資源管理が自治主体である市民に公開されるような方策が必要と感じた。仮にこれを「人材仕分け」と呼ぶならば、岸和田市役所の「内発と自律」による人材育成型人事評価によって、職員間の納得性ばかりか市民への合意も可能ではないかと考える。つまり、職務権限の大きい幹部職員に限定してでも情報開示が可能ではないかと考えられる。一方、横須賀市役所や多治見市役所の「報酬と統制」による処遇管理型人事評価は実効性があるように思えるが、制度自体が制度疲労した場合の対処方法といった長期的な視点と人材に対する将来的投資に欠けるように思えた。経営的環境の変化に対しての制度的変更が、それまでの既得権益などのしがらみからドラスティックにそれまでの一貫した原理そのものを変更しなければならない状況を想定しているかが疑問に思えるのである。この点においては岸和田市役所の逆転の発想ではフレキシブルな制度変更が可能と想定できる。そこで経営資源としての「ヒト」「モノ」「カネ」「情報」と、さらに組織的な「文化」を思い出して、良好な職場コミュニケーションを前提にした組織文化や職場風土の創造ということを重要視し、個性的な職員が集団による力を発揮できる土俵づくりが、いわば「急がば回れ」の論理に準拠して先決事項と考えるのである。まずは、自らの強みを気づかせるように人事評価情報のフィードバックを人的資源管理のツールとする努力が各自治体に必要と考えられ、被評価者に対する評価者の資質向上が何よりも重要と考えられる。

❷ 市民参加および参画の人的資源管理論

市民参加および参画が最近のキーワードとなっているが、一昔前では考えられもしなかったところに市民参加の波が寄せている。たとえば、司法制度改革における裁判員制度は、今まで市民参加など考えられなかったところへの波といえよう。市民との距離のあった裁判所や裁判官に対して、市民裁判員として素人社会人の資質を求める動きには賛否両論がある。しかしながら、裁判官と市民との距離を縮める役割となっていることは間違いのないところである。だからと言って、この制度が高度な専門職として制度的に認められている裁判官の誤審や暴走を止められるかと考えれば、疑問の残るところである。むしろ、権力側に市民が取り込まれる制度でもあるという指摘すらあるのである。(7) 本質的な市民参加とは、裁判所の運営への参加、特に裁判官の官僚的統制への市民の関与にあるものと考えられる。しかしながら、裁判官の衣をまとった一部のエリート司法官僚によって、本来有するはずの各裁判所や裁判官各自の独立性や自立性を中央統制に目を向かせていることも否定できない事実である。最高裁事務総局総長を頂点にした官僚制のピラミッドは、市民的な司法判断が下されることを人事と予算の権限にて統制していると考えられるのである。このような閉鎖的なところへの市民の関与なくして司法制度改革はありえないと考えられるのであるが、市民参加の象徴である裁判員制度は、なぜか重罪が想定される刑事事件に限られており、しかも裁判員へ守秘義務を負わすという不可解なものである。司法改革で述べるならば、任官権限や六五歳定年までの一〇年ごとの再任権限、さらに処遇を決めるための人事評価やその結果としての人事異動についても、市民の関与が達成されることは、中央集権的な統制により裁判官としての職責を拘束しかねない閉鎖性への抵抗になると考えられるのである。このような司法府の制度改革の流れは行政府にも共通のことで、最も行政内部のことと考えられていた人事行政にも市民参加が論議されても不思議なことではないと考えられる。とにもかくにも司法や行政は閉鎖的である。本人の知らないうちに刑罰が課されたり、自らの敷地に道路が計画されるようなことがありうる。これらが開放されると言うことは基本的に守秘義務など存在しないと言うことで、守秘義務も必要と言うことならば、秘密とは何かを開放的に論議されなくてはならないと考える。

しかしながら、人事行政における制度的な市民参加を試みている自治体は存在しないし[8]、人事はブラックボックスであるとの考え方が主流で、人事においての実力者の目に留まった者がそれなりのポストを得ているのが実情である。そのために実力者に取り入ろうとするイエスマンが取り巻きを占め、自治体職員は市民と反対側の市役所などに顔を向けた閉鎖的な閥を形成していると批判されるところは承知のことと考えられる。されど、それでは日常的な業務や施策は市民から乖離してしまうこととなり、この形式合理性の「鉄の檻」を指摘するカリスマ的「改革派」首長が実質的な力を持つ構図となるのである。しかし、このパターンは継続性の観点からは改選の四年間を限度として更新されることとなり、首長交代によってその政策がぶれることはよく見受けられることである。また、首長交代によって政治的に考え方が変わることはある程度正しいと指摘されているところである。これらは公共的な議論のある輿論（公論）によって変化の現れることは正当性があるものと考えられるが、感情的な雰囲気ともいえる世論[9]の操作によって選択が行われるならば、市民意識の未成熟にその責任の一端があるとともに、権力者に操作される危険な兆候とも考えられるのである。つまり、「おかしいと思うことがおかしい」との論理になって、「このご時勢だから」と逆風を跳ね返す力さえなくなってしまうのである。政治家である首長によって人事が変化することへの対策として、ぶれない人事基本条例などの制定は事務方の仕事であると考えられる。

◆注

（1）筆者は横須賀市役所行政管理課を二〇〇三年一一月一四日と二〇〇六年八月二三日、岸和田市役所人事課は二〇〇六年七月一〇日、多治見市役所人事秘書課については二〇〇六年一〇月二三日に訪問し、担当者からの直接聞き取りを実施した。

（2）公務組織ばかりでなく民間組織においてもこのような不条理がなぜ生じるのかを論述している。要するに日本的経営においては個人の能力が高く、実績を上げていても短期的に処遇改善が図られないという構造への不満である。結論として、「メンバーシップ契約」への暗黙の承認ということになり、これを不条理とするならばプロ野球選手のような個人契約へと向かう。新卒一括採用における就活においても、働いてもいない学生に内定を与え、学生も新人研修後でないと配属すら分からない実態がある［楠木二〇一四：三二―四六］。

（3）人事評価制度が直接的に処遇連動することは、全労連系の自治労連では「職場に分断を持ち込む」ものとして、人事評価を賃金に反映させないことを原則としている。一方、連合系の自治労については明言していないものの、組合員の不利益になるようなことは容認できない構えであるが、人材育成の観点からの人事評価についての積極性はあるものと考えられる。多治見市の場合、労働組合員でもある担当者の話では、むしろ正当に評価されないことのほうが問題であって、評価されたことを処遇に反映されなければ納得ができないという内容であった。筆者は多治見市の労働組合との接点はなかったが、労働組合および組合員からの不満は表向きには出てきていないとのことであったし、むしろ正当な評価をして処遇に反映させることへの労働組合からの賛意があったと担当者は述べていた。

(4) 小堀［二〇〇七：三一五］は民間企業の成果主義に追随した「処遇管理型」評価制度を導入しての「信賞必罰」式の人的資源管理よりも、職員の能力開発と組織活性化のために「人材育成型」評価制度による元気で楽しい人的資源管理を岸和田市役所に導入するための制度設計を考えたと述べている。まさに制度の主人公である職員が自己学習に導かれる「逆転の発想」である。

(5) 氷山モデルでは目に見えるスキルや知識に対して、海中に没している隠された自己イメージや特性・動因の要素が大きく、この眼に見えない部分の人格の中核部分の開発は困難と考える。動因とは行動を起こすときのさまざまな要因であるが、達成努力感の強い個人は挑戦的な目標に突進することができるが、他人に強制してもできるものではない。特性とは身体的特徴とも言える反応であるが、誰しもが戦闘機パイロットのような反応ができるわけではなく、多くの人びとは撃墜されることになる。自己イメージは個人の態度、価値観、自画像で、いわば各自の信念である。ある職業に適応できる者を知識やスキルのレベルで育成することはそれほど困難なことでもないが、特性や動因レベルでは育成するよりもそれ向きの者を探すほうが理にかなっている［Spencer and Spencer 1993：邦訳 一一─一五］。

(6) 小堀［二〇〇五］は岸和田市人事課参事として、「気づき」と「自学」によってこそ人材が育成されるとの確信により、直接的に賃金処遇に反映しない人材育成型人事考課制度を全国に発信した。この背景には、報酬連動と統制強化の人事評価制度を労働組合の反対を抑えてまで無理に強行して、かえって職場コミュニケーションを悪化させることへの疑問があった。それならば逆転の発想で、明るくホンネの人事を目指すことのほうのプラス面が大きいと考えたのである。内発的動機づけと自律による個性を重要視した人事制度は、処遇管理型人事評価を超えられるとの信念がそのベースにある。

(7) 弁護士でもある監修者の「裁判員制度は権力の側に市民が取り込まれるシステムなんだという批判に対して」という問いに、裁判員制度反対派の新潟大学教授西野喜一はその可能性は否定できないと答えている。賛成派の弁護士の高野隆は民主主義そのものが権力の側に国民を取り込むシステムであるとし、権力が市民に開かれたものかどうかの基準であると答えている。西野は人心の安定を欠いているこの時期に国民に新たな負担を負わせることの疑問を投げかけているし、高野は無知の信頼ではなく本当の信頼に裏打ちされた改革になりうると結論している［木村 二〇〇八：二一八─二二二］。

(8) 自治体においての市政改革で、ある政策の気体のような構想から液状化した計画、さらに固体化した施策の策定に至るまでの市民参加を実施しているところは多くある。一歩進めて、市民と行政のパートナーシップと称して、実行段階での協働まで進化してきている現実がある。しかしながら、市役所の改革と考えられる人事やその評価制度について、諮問委員会や審議会の構成すら研究者やコンサルタント、民間の実務家のみで市民公募委員の参加を耳にしたことがない。ましてや人的資源管理の実行段階での市民参加を制度化している自治体は、著者が調べたところ見つからなかった。

（9）輿論（よろん）は公論として指導すべきものであるならば、世論（せろん）は雰囲気として誘導するものであると指摘している。現代社会は「輿論の世論化」により空気が創られている［佐藤 二〇〇八：八九］。

第3章 市民的行政経営論と人的資源管理

❶ 公務労働の民間化・民営化と人的資源管理

ここで言う公務の民間化とは、行政活動に民間的手法を導入して経済的効率性を高めようという動きで、「最少費消で最大効果」を費用対効果で測定しようとするものである。しかしながら、ここでの効果とは実際には計測可能な産出量で考えられることが多く、計測困難な質的問題は棚上げされる傾向にある。このような困難を知りつつ民間に丸投げしてしまうのが、公務の民間委託化である。これは従来公務員が担当していた公務を非公務員に業務委託して、公務としてはそれを管理することで十分とするものである。委託する行政側も、委託される民間側も、公務に対する使命についての価値観を共有しなければならないが、行政の直営でないためにその人的資源管理は委託先に任されることとなるのが一般的である。それに公務員が関わるようになると、「偽装請負」と指摘される恐れも生じるのである(1)。次に公務の民営化であるが、これは公務員が経営していた公営といわれるものが、非公務員の経営である民営に移されることである。公務としてはそれによる公共性の担保を監視していればよいということで、第三セクターやNPOへ経営移管することにより、住民参加と経費節減を同時に成し遂げられる一石二鳥と考えられることもある。しかしながら最近崩れてきたとはいえ、公務の無謬性を信じる住民も多く、公務員が担当することによる安全・安心・安定が根強いという事実を忘れてはならない。(2)

今回の国家公務員制度改革における能力等級制度は、労働組合が労働条件に関する事項で労使間での交渉事項であるとして、ＩＬＯ提訴し勧告まで引き出しているのに対して、当局側は管理運営事項であると突っぱねている。公務員の人的資源管理を単に経済合理性の観点だけで論じてよいものかとの疑問が残るのである。労使とも経済合理性の論理で闘っており、これでは多くの国民を巻き込んだ社会的論議に発展するとは考えられない。この国家公務員関係の動きが自治体職員である地方公務員に波及することは必然と考えられる。地方公務員法改正に限って考えてみれば、自治体の経営体としての合理性について、社会全体としてのプラスを前面に出した社会合理性での観点が、経済合理性とともに必要と考えられる。自治体経営がコストセンターとしての経済的効率性も必要であるとの指摘は、政策の有効性の手段として必要であると考えられる。つまり、民間企業経営のようなプロフィットセンターではないのであるから、利潤動機での行動原理こそが否定されるべきものであって、いわば使命動機の徹底が必要と考えられる。それにはそれを担当する自治体職員の達成感・充実感における満足基準が注目されなくてはならないと考える。それと同時に、多様な問題への関係性において結果を導く職員自体の多様な個性を認めることも人事評価の範疇であると考えられる。そのことを無視して、上司にとって都合のよいように評価基準を一元化にしての競争には疑問が残る。共通の目的に到達する手段の個性化を認めた上での多元的多様性における協調へと導くことこそが重要と考える。いわばこれは人事評価基準にその職員の人間性を認める人権基準ともいえるものであると考える。経済合理性では排除の対象であった人間性が、社会合理性では重要な要素となるのであって、結果として経済合理性にも適うものとを認めた人間性の人事評価である。この一例として、窓口での応対に時間をかける職員は経済合理性の観点からは、客あしらいが悪いとされるのが評価での通常である。しかしながら、時間をかけても説明責任を果たすという行為は、その効果性や有効性からの観点では、社会的責任を全うする社会合理性と考えられる。そしてそのことが後日のトラブルを防止し、結果的に一回の応対で完結する経済合理性も持ちうることとなるわけである。これは形式にこだわる官僚制において、問題を実質化して考えていかなくてはならないことと等しい意味合いである。

たとえば、「自民党をぶっ壊す」とのフレーズが有名になった小泉構造改革は、既成概念を壊すとの主張で有権者を劇場での熱狂的な観客とすることによって選挙に大勝し、その後に従来の利益分配のしがらみによる支持基盤の破壊によって大敗し、自民党は解体されたように見えた。これこそが形式主義の行き詰まりを実質的に合理化することであった。つまり、現状に合致した規則による規制よりも規則を無理やり現状に取り込むことや、その規則を指示する上司に従わなくてはならないことを、現状から乖離しないように規則を解釈することによって、多様な関係性を認めるように実質的に変革しているように演じたのである。それもワン・イシュー、ワン・フレーズによる二者選択という単純化である。この強権的で安上がりの改革は本当の改革であったが問われて、再び従来の利益分配の自民党が復活するのである。これの言わんとするところは、仮に市民にはどうしても必要な建物を高さ制限や建蔽率で建てられないということならば、建設をあきらめるか、もしくは高さ制限を撤廃するかというような二者択一でなく、建物の上層部分を張り出してでも床面積を確保するぐらいの解釈が必要と思えるのである。本当の改革とは、おかしいことをおかしいと指摘して拙速に規制を破壊することよりも、おかしい中でおかしくないように運用し、時間をかけて原理を変更しつつ制度疲労を改めることであると考える。規則第一に何もしない保身に走る公務員を望む市民は存在しないことを巧みに捉えて、技術的に一時的な熱狂的支持を得ることでの改革は、その無理なことをするつけが市民に戻ってきて、結果的に市民のためにならないことを証明している。

と同時に、民間企業経営での人的資源管理をストレートに自治体に導入することは早計と考える。「そもそも人が人を評価することなどできない」というフレーズはそのとおりであろう。しかしながら、日常生活においても他人を何らかの基準で評価して意思決定していることも事実である。前出のフレーズは「人が人を評価することを制度化することは困難である」と言いかえなければならない。しかしながら、たとえ市場おける評価が困難であるものでも、構成員の満足や人権といった評価基準を手段にしてでも、目的に向かって進む方向づけをしなければ、経営体組織としての体裁が保つことはできない。民間企業経営でも自治体経営でも人的資源管理に関して共通な原理は存在し、環境の相違によって制度や慣行が変化すると考えることが妥当であると考える。しかしながら、民間企業経営と自治体経営では原理の相違することが多く存在する。そして自治体経営における人材マネジメントを戦略的人的資源管理としての制度とするためには、経済合理性重視の価値軸から社会合理性へとシフトしてもよいのではないかと結論づけるのである。その意味からはここで言う戦略とは勝ち負けを決めるものではない。たとえば具体的には評価する項目に、福祉的な人間性・社会に対する倫理観・環境への配慮・人材開発育成力・地域での貢献度・改革的な向上心等を困難ながら評価できる制度を創造しなければならない。それにはその価値軸を理解して人事評価できる評価者の資質向上は不可欠で、これらすべてトータルに社会合理性での人権基準と言ってもよいのではないかと考える。つまり、「人材仕分け」の徹底により、人事評価を職務的に考えることと、良好な職場環境維持のコミュニティ主義は矛盾したとしても並立できないものではないと考える。民間企業でも自治体でも共通する課題であると同時に、どこに重心を置くべきかの原理は相違していると考えられるのである。

❷ 従前の人事行政への疑問点

次に非公務員人材によって公務を遂行する場合の人事評価の問題である。地域にとって必要な公共的人材の育成を可能ならしめる公務員人材の必要性についてである。この論点については、自治体の人的資源管理として進められているように思えない事実がある。一方で保身に走る何もしない公務員が存在し、その一方ではカリスマ的なスーパー公務員も話題にされている。どちらも間違いで、全体の底上げによる政策人材化が正解と考えている。そのような自治体としての努力よりも民営化や民間委託化によって人材育成も民間に丸投げすることのほうが手っ取り早いのである。そのことによる経費節減効果の期待の論理に押し切られ、公務でありながら公務員人材の言及に至ることが少なかったと考えられる。つまり、安易に民営化するよりも現在の公務員の力を引き出せる人事制度の考察である。その検討が十分になされないままに民営化が進められるため、後述するようにそのことがかえって非公務員がその使命感から地域の公共的人材の疲弊を招くことになる恐れがあると考えられる。公務員としての安定した制度的保障がないままに公務に関わるということは、制度客体としての市民に安心を引き出すことが容易ではないと考えられる。市民的公共性を語るうえでは公務員の役割について論じる必要があると考えられ、非公務員による役割をどこまで認めるかの問題である。制度客体であるものの自治主体である市民とそれを支援する公務員の関係性が第一に論じられなくてはならない。ここで実際に人事評価をする立場にある人事権を有する公務員がそのようなことを考えて、人事行政を行っているのかを考えてみる必要がある。

選挙で新任退任を繰り返す首長の政治性がどうであれ、行政としての継続的な人事に対する考えは存在するし、終身公務員には政治的中立性が必要と考えられている。選挙によって市民の意向を反映することと、公務員の公正中立概念による執行との整理ができなければ、市民的公共性や市民的行政経営の市民的なるところが混乱するのである。職務を中立に遂行することと公務員の政治的中立の問題が混同することにより、市民性を剥奪されることなどは本末転倒である。それでは、人事の権限を有している者が市民の意向を踏まえた人事行政を実行しているかを聞き取りで確かめてみると(3)、共通するところは現場の直属の上司の内申を重視していて、市役所外部の者の意向は考えてはいないということである。むしろ、それは外部権力者に屈することとなるとの警戒色を強めているのが実情で、そのことは民意の反映以前に正しいことである。ところが、制度的な任命権者の恣意性に対抗しうる制度的な人事評価が可能かとなると、やはり保身の気持ちが生じるのが本音であろう。そうなると、任命権者も含む人事権限を有する内部実力者の資質の問題となるのであるが，そのような者の近くにいることが有利に働く事実は否定できない。まさに木下藤吉郎の主君の草履を温めていた話に通じるのである。つまり、人事権限のある者の目の届く範囲においては昇進の確実性が高いと考えられるが、そうでない場合は確実性も低くて、昇進の候補者にもならないという状況になることすら生じる。候補者となるためには直属の上司からの人事権限の有する者への内申が必須で、まずはそのポストへの候補者となることから人事評価が始まると考えられるのであるが、直属の上司からの内申が原則とされているものの、その組織での実力者からの特別の推薦等で候補者となり、そのポストに就くこともあるということは否定の範囲ではなく、それは現在のところ組織内の実力者からの推薦に限られており、組織外からの推薦等は現実的でないということになるのである。行政活動に対する評価は外部に存在するものの、その人事評価は組織内部での評価に限られているということであり、候補者が誰であるとか、そこでの評価内容とか、どのような理由でそのポストに就けたかの説明は、組織の外部者はもちろんのこと、組織内部にいる本人にすらも知らされないのが一般的である。手順は候補者として複数の人物をあげて比較し評価することから始まる。次に評価の基準は直属の上司の評価をはじめ複数の情報を原則とする。さらに例外的に人事権限を有する者が自ら確認するということになるのであるが、一般的なポストへの人事は第二段階で終わっており、人事権限を有する者がその候補者を知っていて確認できることなどは、人事評価に大きく影響することであると想定できる。また、そのような情報は個人情報であるので、組織外部者である市民に開示することもなく、評価基準に市民による評価などは存在しないのが普通である(4)。このことを発想転換して、本人への情報開示はもちろんのこと、自治主体の主権者であって当事者でもある市民への説明責任もあると考え、幹部職員の個人情報の開示などは必要なことと考える。とにかく人事評価をブラックボックス化しないことが、内外に対しての納得性の高いものとなると考えるのが逆転の発想である。

首長交代の如何に問わず市民目線に立脚した芯の通った継続的な人事行政は存在しなければならないし、それがなければ首長の恣意的な猟官制へと走ってしまう可能性すらあると考えられる。選挙の洗礼を受けた首長にはある程度の政治的任命権があると考えても、それは利益誘導を招く恩賞人事となる可能性が高い。その点を整理できなければ、市民的行政経営などはありえないこととなる。それならば、実際に人事を担当しているところが、首長よりも市民の意向を踏まえた行政を実行しているかといえば、選挙において民意が反映されたと押し切る首長の力に屈服するのが実情である。つまり、首長が市民的公共性を無視していると考えての良心的不服従は危険な行為であって、愚痴にとどめておく面従腹背が無難なところである。されど、想定されることにおける最悪のパターンは、人事担当者が自らの保身のために首長の考え方すらも無視することで、これはまったく市民のことなど考えていない官僚制の逆機能ということになる。もしも、自らの利益に合った恣意性において部下に対する人事評価をした上で、昇進や配転が行われているとするならば、この人事評価者には評価者としての資質がないとみなすマネジメント的評価がなされなくてはならないと考えられる。しかしながら、その実力者に諫言することなどは、実力者の有する人事権を不当に行使される恐れもあって、「人事は怖いところ」との組織文化が蔓延するのである。その文化の渦中にある組織構成員は、人事は経営資源としての「ヒト」をよく見ていると信じているが、実のところは評判に基づいて確認されていることが実際的である。本人の知らないところで評判が飛び交っているのである。それでは誰がどの情報によって人事評価し、昇進管理や配転管理が行われているのであろうかを探ってみたい。

まずは、大都市自治体における実態として、顔が見えない大世帯での評判による管理を探ってみる。評判とはどこでどのように形成されるのであろうかが問題である。人事権限を有する者はなるべく複数の人物から評判の真偽を確認するということであったが、自らが現場に出向いてその人物の実像を確認することは極めて稀なことであるということである。わざとらしく人事部門の担当者が現場訪問するようなことはなく、現場からの内申書によって手続きが進められることは、今までの経験から肯定できるものである。つまり、人事権限のある者の目の届く範囲においては確実性の高い情報が集まるものと考えられるのである。特に職員数が一万人を超えるような都市規模ならば、その情報の偏りによってその信憑性に疑問が生じて当然のことと考えられる。少なくとも、昇進管理においてその評判の対象になるには直属の上司からの人事権限のある者への内申が必須で、人事の有力者との友人関係であることなどは有利に働かずに、むしろ不利に働くことが想定されるのが本来の姿であろう。つまり、友人であるがために評価者はより客観的にと厳しくなるのが本来なのである。一方、配転管理においてはいわゆる中枢部への人事異動該当者になることから、具体的な人事評価が始まると考えられるのである。将棋の駒のように一般売りされる者との差別化が存在することは容易に想定できる。また、配転においてはいわゆる「坊主換え」のようなバーターは許されないので、他人の異動のために影響を受ける第三者の存在も容易に想像できる。そうなると、初任者として最前線の窓口に配置された職員と、たまたま人事的中枢部に配置された職員とは、その次の人事異動に影響し、その後のキャリアにも大きく関わるのである。人事権限を有する者がその近くにいる職員の評判を知っていて実際に確認できることなどは、人事評価に大きく影響することは否定できない事実であると考えられる。

自らが人事権を有するということは、現在の仕事において、経営資源としての「ヒト」を選べるということである。日本的経営の特質に総務部や人事部の存在をあげることができるが、これは本来サービス部門であるものがスタッフ機能を有して力を持っている事実の指摘である。ラインの管理職は一般的に採用や配点についての権限を有していない。しかしながら、ラインの管理職であっても人事に対する実力者が存在する。自らが担当するラインの仕事については適性などをかんがみて客観的に人材を選択するのであるが、自分と気が合ってスムーズに仕事がこなせるパートナー選びといった主観的な要素もあることも否定できない。つまり、好き嫌いという感情的な恣意性は否定できたとしても、自分の言うことを理解してくれて素早く行動してくれる相性の合う部下ということになるのである。しかしながら、この主観的な選択が感情的な恣意性ではないと言い切れるとは限らない。されど、相性の合う部下をパートナーにして職務を円滑に遂行することは、人事権限を有する者の仕事を遂行する上での責任ともいえるのである。自らの提案や指示を素直に受け入れてくれる部下とは、逆の見方をすれば、その部下が無理をしている可能性もあると考えられる。パワハラと感じる要素があっても表面には出さない部下の存在である。それに適応することなく抵抗するような部下を配置転換によって遠ざけることは、人事異動のタイミング合わせて行うことは困難なことではないと考えられる。仮に自らの好みによってその仕事から抵抗する部下を外してしまうことは、仕事そのものの評価によって落第点をつけたというよりも、自分に対する反抗的な態度によって及第しなかったというべきであろう。人事権とはそのような主観的な権力関係の上に成立していると言えばそれまでであるが、「ほえる犬よりも、尾を振る犬がかわいい」のたとえとなってしまうのは、上司の評価者としての資質の問題である。仮に、部下が正しい情勢判断で正論を述べていたとしても、人事権限を有する上司はそれを容認して自らの提案を考え直すような器量の大きさを見せることができるかは疑問の残るところである。「嫌な奴だけれど、仕事はできる」という評価ができる上司は意外と少ないのである。

以上のように、上司が間違っていても、それを諫める部下のいないということは、上司にとっては心地の良いところであるかもしれないが、部下にとっては必ずしもそうではないのである。極端なたとえで、上司の不正を発見した場合には部下はどのような言動をすればよいのであろうか。「公益情報として内部通報せよ」とマニュアル化されていても、自らの上司を売るような行為は部下としては躊躇するはずである。さらに、上司が病的な態度を示したときに「治療に専念してください」などと言える部下は皆無であろう。そうなると自分と気の合うイエスマンばかりを重宝し、気が合わないと判断した部下を排除することは、その人事権がために「裸の王様」となる可能性すらもあると考えられる。しかしながら、建設的なことなしに事なかれの否定的な意見を述べる部下ばかりでは、自らの職務に対する責任を果たすことができないというジレンマに陥ることとなるのである。責任者であるという自覚から、「文句を言わずに黙って後に付いてきてくれる部下」や、「パートナーとして考えられる実務的な部下」を重宝することは肯定できるかもしれないが、それそのものは部下の職務に対する評価とは別概念で、自分に対する忠実さや従順さの価値尺度と考えられるのである。顔の見えない大組織の人事的な評価においては、評判を耳にしたところや偶然知り合いになったところからの閨閥が大きく影響することを否定できないのである。以上のようなことが、実際に人事権限を有するトップマネジメントから聞き取りしたことのまとめである。

以上のようなことから推論できることは、人事権限を有する個人は顔の見えない人物の評価は内申書と評判で決定する事実である。個人の能力の許容範囲を超える人事評価に関しては、所属長の内申を信じるか、他人からの評判という不確実なものに依存せざるを得ないということである。評価者も人間である限りは、自分に擦り寄ってくる被評価者の言動に惑わされる事実を否定することができず、自らの思うところの仕事を職務として遂行してくれる被評価者に好感情を抱くという現実である。このような状況においては、市民的公共性の論理から地域のために尽くす公共的人材を育成することは困難と考えられる。評価者の恣意性によってぶれることのない筋の通った人事評価情報の精緻さが求められるところである。職員数が一万人を超えるような大都市の自治体においては、ライン上の事業所単位に人事権限を付与するような工夫が必要で、特に現場に出向いて仕事をするような職務に関してはその対象の市民の評価も含めた「きめ細かい」人事評価が必要と考えられるのである。ところが、行政サービスを受ける当事者の評価を人事的な参考にするような話は、市民本位の民主行政の掛け声の存在はあるものの未だ耳にすることはない。

次に、市民が数万人規模で市民と職員とが身近な中小都市ではどうであろうか。採用については人事担当者に任されており、首長や議員、さらに地元有力者の推薦による採用は利益誘導にあたるのでないとの話であった。それならば、競争採用試験による点数による順位によって物理的に採用するのかといえば、そうではなく該当者の選抜のための面接を行うとのことであった。その該当者が行政についてどのような認識を持っているか。さらに、どのような仕事をしたいかを十分聞いて、その人柄に興味を覚えるような人物の優先順位を上げるとのことであった。しかしながら、だからといって希望の仕事にいきなり配属するとは限らないということで、実際に面接で述べた仕事でないところに配属された者が相談に来ることもあったとのことであった。その場合には、行政について幅広く分かってもらうための勉強であると応えるとのことで、基本的には人事担当としての採用までは全身全霊によって万全を尽くすが、その後のことは余程のことがない限りは初任者を配置した所属に任せるとのことであった。

次に、採用後の配置転換や昇格についてであるが、採用を担当した人事担当者が人事部門から異動していなかったならば、採用面接での話は聞き流しではなく、その気持ちが変わっていなければ、なるべく本人希望をかなえられるように努力を惜しまないということであった。ただし、自らが人事権限のある担当を退いてしまったら、その力も及ばないとのことであった。つまり、中小都市においては職員数も目の届く範囲であるため、所属長はもちろんのこと、人事担当者の評価する目が配転管理や昇格人事への影響力が大きいと考えられる。それゆえに、希望どおり異動のできなかった職員や、昇格人事に漏れてしまった職員のモチベーション維持には気を使っているとのことであった。要するに、この人物ならば市役所のためになるとの見抜く評価の力が、それが自らのためではなく市民のためになるとの前提であるが、人事担当者には一番必要なことであると考えているとのことであった。しかし、見込み違いも生じることがあって、その場合には人事担当者としてはその人物に深入りはしないとのことであった。

「人事を尽くして他人事」(5)の姿勢が基本であるとのことであった。ただし、それも首長からの信任が厚いとの前提の話で、首長交代によって自らも人事担当の職から退くようなことがあると、人事に対する考えもぶれることがあることを否定できないとのことである。自らの評価者としての資質には自信があり、被評価者の潜在的な能力を見抜く眼力は確かと考えていても、幹部人事に権限のある首長の重用が薄れれば、その能力を人事に生かせる確実性も薄れるとのことであった。特に長期にわたる首長を引き継いだ首長は、人事権限を有する幹部職員の存在を煙たく思う傾向があり、「人事一新」とか「人事刷新」との名の下に人事がぶれることも否定できないということであった。

このように職員数が数百人規模の市役所では、人事権限を有するトップマネジメントがすべての職員の顔が見える規模でもあるので、被評価者を見る目は一人の評価者に一元化される可能性があると推察できる。このことはある意味ではぶれない評価が可能なのであるが、その評価者に権力が集中する恐れも否定できないところである。しかしながら、その評価者に対する人事権限を有する首長は最高権力者ということになるわけで、首長選挙の結果では築き上げられた権力が一気に崩れることもありうると考えられる。その一人の評価者、さらにその評価者に対する人事権限を有する首長が、市民的公共性など眼中にないような資質であるならば、市民的行政経営などはありえないということになるわけである。当該市においては、市民的公共性における人事を行っていた人事権限を有する職員を、首長の人事権限にて人事部門から遠ざけた事例とも考えられるのである。このようにならないためには、人事に関する基本条例や基本方針および規則・要綱に至るまで、文言によって市民的公共性を担保する必要があると考えられる。

さらに、数十万人規模の中堅都市の例において、その中庸的なことを考えてみると、最初に言っておかなくてはならないことは、この地方分権や地域主権が叫ばれている時代に、中央集権的に国家公務員準拠の考え方が押し付けられる現実に疑問を感じるのである。地方公務員法の制約があるものの、原則として自治体職員の人事行政は当該の自治体が計画・実行・評価・見直しをすればよいのであり、それが当該市の市民の支持が得られるものなれば、自治体としての独自の人事行政が存在しても不思議なことではないと考えられる。ただし日本国憲法に保障されている基本的人権を侵さない限りとの制約は守らなければならない。つまり、各自治体それぞれの事情があるために全国一律の人事行政などありえないと考えるのである。地方公務員は各自治体の人事委員会などによる労働条件の保護と引き換えに労働基本権が制限されていると考えられるので、最低限の保障水準はナショナルミニマムとして必要であると思われる。しかしながら、ある自治体が新しいことを始めるときに国の考え方や他都市での前例に敏感になりすぎて、自ら前例を創りだすことに腰が引けるようなことがあるとすれば、これこそが問題であると考えられるのである。また、戦前の内務省や戦後の自治省のような露骨な介入はないものの、自治体財政健全化法のように財政再生団体や早期健全化団体に該当するという理由によって、実質的に総務省によって自治を失うようなことがプレッシャーになっていることも問題である。この影響において各自治体の人事管理に人件費削減のための民間的手法を導入するように仕向けており、自治体独自の人的資源管理を鈍らしていることは否定できない事実である。

ここで訪問調査した中堅自治体は、人的資源管理、そしてそこでの人事管理こそが自治体の自治の意味するところと位置づけ、政治的な変化によってそれがぶれないための自治基本条例制定から規則に至るまで、人事行政の一貫性による個性的な政策集団を目指している。以前から人事行政とは労働組合対策の意味合いもあり、労働組合との紛争に至らないことを重要視してきた事実があるが、無意味な年功的処遇により管理職人事がなされることには、労働組合も含め大多数の職員が疑問を抱いていたことは間違いのないところである。管理職とは管理の職務を遂行する職種のことで、この職務が果たせないままに年功的にその職種にとどまることは許せないことなのである。さらに、職員のモチベーションを高めるにはメッセージを伝えることが重要で、ただ単に言うことを守っていたらエスカレーター式にある程度の職位まで昇格し、給料もそれに応じて増えるというような人事管理は、本当に人事を管理していることではなく、むしろ人事管理の放棄に近いことなのである。被評価者の人事に責任を持って関われる職員は人事部局の係長級以上の数人の職員であるが、人事課の係員も係員級の人事評価には関わっているとのことである。また、課長級以上の職員の人事評価に特命の係長も関わっており、たえず研修を実施して人事を管理する職務への研鑽を図っているとのことである。そこでの人事評価とは本人による能力評価を上司による一次評価・二次評価と積み重ねていくもので、昇給管理等の給与裁定には直接的には連動しないものの、人事異動に対する自己申告制度や、間接的に昇格管理に生かされるとのことである。人事異動に関しては、在課三年以上の者と人事異動希望者はすべて人事異動対象者とし、在課継続希望も含めて異動希望を自己申告させるとのことである。また、その異動希望に対しての希望達成率も公表するとのことで、これらのことがなされてこそモチベーションは維持できると考えられる。つまり、異動希望を上司に話したが何らのフィードバックがなされないことは、当たり前のようなことであって当たり前ではないと考えられる。昇格人事を含む課長級以上の人事異動については、先述の数人の職員により人事案を作成し、それを首長も含むいわゆる特別職三役との協議にて承認を得るとのことである。係長以下の職員の昇格異動人事については、人事課長をチーフにして係長級も含む数人の担当者で合議するとのことであるが、それに関しては首長が口を挟むことはないし、議員や外部有力者の介入もないとのことであった。自らの配転や昇格が情報としてブラックボックス化することは、まさに「人事は怖いところ」を植えつけるだけとのことであった。

それでは本人希望とその職員の能力をどのようにして擦り合わせるかであるが、人事異動に際して二つの条件がある。ひとつは現在の職場から動かすことが可能かで、もうひとつは動かした職場で働いてくれることができるかである。前者は本人希望を優先するとしても、後者についてはやらしてみないと分からないところがあり、人事担当者の能力推測ということになり、顔の見える範囲の希望者にしか責任ある決定ができないということになる。もちろん、それを補足するものとして所属管理職の能力評価および情意評価があるわけなのだが、能力のある者ほど所属では重要な戦力となっており、人事異動による戦力ダウンを避けようとするのが所属管理職としての本能的行動だと考えられる。つまり、所属の上司は今の仕事を円滑に遂行したいということと、部下の将来性を縛ってはならないという背反二律性を有するのである。また、情意評価に関しても、余程の者以外は「まじめで責任感の強い者」との評価が一般的である。そうなると、ますますもって直接的に人事異動に従事する人事担当者の「確かな目」が必要となるのである。しかしながら、それも一〇〇〇人を超える者について目が届くかといえば、それは物理的に無理であると考えられる。それがため、配置転換や昇格人事でのミスは仕方がないものと考え、人事異動後は希望者の頑張りにかけるしかないものと考えられるのである。人事を尽した後は突き放すことも必要と考えられるのである。

次に、「仕事より出世」を価値としている職員の処遇について、その困難さに触れてみる。仮に、それが人事に関しての最高権限者である首長に近い者であると、話はさらに複雑となる傾向がある。首長が人事に関して見誤りそうになると、あえて諌言をできる資料を用意していないと首長の意向に押し切られることも覚悟しなければならないし、あえて首長の意向に反対する勇気は良心的不服従の範疇と考えられる。ここに、首長と人事担当者において人事評価ついての乖離が生じるが、企業経営におけるワンマン社長のマネジメント以上に社会性を重視しなければならない行政経営においては、これら猟官制以前の首長の情実人事は排除しなければならないものと考えられる。ところが、諌言すべき人事担当者も恣意性を有した情実人事を容認しているようでは、まったくお手盛りの人事評価と批判されるところとなって、人事への信頼を失ってしまうのは自明の理である。そのようにならないためにも、人事担当者は人事に対する情報を把握し、権力者に対抗できる資料を作成しておかなくてはならないわけである。

たとえば、首長が自治体外部もしくは内部の評判や依頼を受けて人事に介入してきた場合、人事担当での人事評価が正当性を有するものであると、その証拠に基づいて説明をしなければならないわけである。先述したように、首長は人事権限においての最高権力者である。たとえば、以前より首長の近くに取り入って、可愛がられるように演出している者を昇格させようとした場合、それに対する正当な反論を用意しておかないと人事は信頼を失うことになるのである。それによる影響は、人事を担当する者ばかりでなく、各職場においても「仕事に対する評価よりも首長に気に入られることが重要」と、一気に仕事に対するモラール低下を加速させるのである。それでは人を仕事で評価する場合、人事担当者もしくは所属長が見えるところ以外で仕事をしている者に対して、たとえば福祉のケースワーカーのように仕事がデスクワークの内部職場でなくて現場にある者の評価はどのようにすればよいのだろうか。これればかりは人事評価者が同伴するというわけにもいかず、いわゆる評判による評価とならざるを得ない。しかしながら、この評判は人によって差があり、ひとつの評判ですべてを確定することは避けなくてはならない。つまり、よい評判ばかりならば、あえて悪い評判を見つけ出さなくてはならないのである。

次に採用についてであるが、この聞き取りを実施した市役所では一般教養のみで専門知識による試験は実施していないとのことである。その意味するところは、法律に偏った専門知識を重視すると、それを受験のために勉強していた者が有利になり、広く個性的な人材を求めることに反すると考えたためである。また、職種を限定した採用試験には専門知識を問う試験を限定的に実施せざるを得ないが、一般行政職については広く人材を求めて、初任者は市民対応の第一線に意識的に配属しているとのことである。基本的に入庁後五年間は窓口業務を担当さし、その後に事業部局に配置転換する方針であると聞いた。まずは、市役所の仕事の意味を最前線で勉強してもらうことを重視しているというメッセージを伝えているとのことであった。

人事評価に関して、本人の自己評価とその上司の評価を検討していくといろいろなことを知ることができる。一番信頼できる情報は、本人評価も高くて複数の上司評価も高いことである。たとえば、本人評価が低くて上司評価が高い場合は、本人の実力がその職場で生かされていないことを疑ってみる必要がある。本人評価が高くて上司評価が低い場合、上司の配置転換によって別人による評価の結果で、どちらに恣意性が強いかが判断する必要がある。何よりも個性的な人材を求めているため、それを理解できない上司によって生かされていない個性を喚起する必要性は、市政改革の推進力となるものと信じているとのことである。その意味から、現場の管理職の人材育成に関する職務は重要で、管理職を人事評価する場合においても重視している。一言で表現すると、人材育成とは自らの強みに気づかして自分で成長しようとするところをサポートすることであると考えている。個性的な人材がそれぞれの職場で実力を発揮していることを、本物の人事評価による人的資源管理と考えているとのことであった。それにもまして重要なことは、人事権限を有する職員の配置転換や選挙によって首長が交代した場合にも、基本的な考えや方針がぶれないことである。この市役所では市民参加をより進めて参画に至る自治基本条例が制定されており、人的資源管理に関しても「指揮監督」「人材育成」「能力評価」「適正配置」に市長が責任を有することを明記し、それに基づいての基本方針が策定されていることである。また、具体的な人事評価に関してもマニュアルが確定しており、被評価者を一方的に評価するのではなく、フィードバックにおいて説明できる対話型了解志向の制度運営に心がけているとのことである。

以上、大都市と中小都市、そして中堅都市の三つの事例で検討したが、共通するところは優秀な職員こそが、市役所の資産であり市民の財産であるということである。その優秀とは、単に上司が使いやすく気の合う部下ということでなく、広く将来性ある人材と考えられる。将来性ある人材とは、個性や個力を職務に発揮できる人材である。ということは、直属の上司の人事評価に対する「確かな目」が重要で、客観性の成果主義的業績評価や被評価者の潜在的な能力評価よりも、むしろ評価者の主観的な情意評価部分が洗練されなくてはならないということになる。

ただ単に気の合う使いやすい人材だけでは駄目なのである。また、職場内でのコミュニケーションが重要であることは言うまでもないことである。上司の覚えがめでたい者だけが利益を得る職場は、その上司の恣意性によるマネジメントであると疑ってかからなくてはならないと考える。

このようにある程度秘密主義に進められる人事管理では学術的な分析は困難で、成功事例ばかりに目を奪われるというか、失敗事例は公表されないのが普通である。このような状況では、「人事管理論」の域から抜け出して「人事管理学」となることは容易ではないと推測できる。どの組織にも一律に適応できるような人事管理はありえないことならば、一般化や抽象化を最小にした論述でも仕方がないと考える。ドラッカーが自らは学者でなく物書きであると表現したことは先見の明がある。(6) 自然科学における観察者の目で自治体の人事行政を見る、つまり「人事生態学」としての考え方が必要なのかもしれない。

◆注

(1) たとえば公立病院の医療事務を民間会社と請負契約をしたならば、それが公務であっても、そこで従事するものの指揮命令や監督する義務は民間会社が負うことになる。そうではなくて民間会社に従事者の派遣を依頼したならば、公立病院側が仕事の内容を研修し、指揮命令や監督をすることになる。一般的な民間委託とはその仕事に対する請負契約と考えられる。

(2) 公務員の使命とは市民を危険な状態から安全な状態に導くことと考えられる。安全な状態が続くことを安心と言い、安心な状態が続くことを安定と言う。それならば、まず公務員の状態が安全でなければ危険状態の人を救うことはできない。

(3) 筆者は近畿にある政令指定都市の局長級・部長級の職員数人に質問した。その結果を記述しているが、すべての人事権限を有する幹部がそうであるとは限らない。それはその市役所の特異ケースである可能性もあるので、他の自治体の人事権限を有する職員への面談が必要と考え、二〇一〇年二月二六日、近畿北部にある中小都市の採用や配転の最終的な人事権を有している職員からの聞き取り調査も行った。さらに、二〇一〇年七月七日、近畿中部に位置する大都市の衛星中堅都市の人事管理を担当している職員から聞き取り調査もしたが、人事担当者は被評価者に対する評価の一般的なことは話してくれるが、具体的な内容は口が堅いと言える。

（4）人事権限を有する者が人事について語ることは少ないし、民間の人事権限を有する者や過去に有していた者がコンサルタントとなって著した「暴露本」的なものが見受けられるようになっている。その中でも公務員に特化した人事管理の小堀喜康、中野雅至、山中俊之らの著書は一読に値するものと思える。

（5）人事によって人生が左右されることは大げさな言い方ではない。それならば人事権を有することの正当性とは何であろうか。少なくとも人は将棋の駒ではない。しかしながら、希望を叶えてやりたい一念で感情移入して、対象者の能力とは関係なく組織のためにならない人事がないとは言えない。このような私的な感情で人事がなされたならば、本来実力のあるものがはじかれ、組織総体としてはマイナスである。そのような人事に限って、「お前を引き上げたのは俺だ」との閥を作ってしまう［堀田 一九九四：六七］。

（6）ドラッカーは自らをライターと自称している。社会学者は人びとを研究して社会についての理解を得ることが普通なのに、社会を研究して人びとを理解しようとしていると指摘している。この論法の延長線上には、経営学を研究して経営学者を標榜している者はどうなるのであろうか［Drucker 1979：邦訳 日本語版への序文］。

第4章

市民参加および参画とは

❶ 高齢者福祉民営化と人材育成

(1) 介護保険制度は高齢者福祉といえるか

福祉・医療・教育といった公共性の高いと考えられている部門での民営化および民間委託化の動きが拙速である。これらの部門は公共性の高いサービスであるが、サービス内容による代替性があるとみなされる故に、準市場化の動きがとられていると考えられる。福祉における介護保険制度は、措置行政のようにサービス受益者に選択の余地がないのではなくて、利用者が施設や業者を選択できるとことによる多様性への対応いう利点が強調されているのである。ただし、情報の非対称性が起こらないことを前提にした自由競争であることを条件にした話とも考えられる。それも価格競争でなくて専門的サービスの内容による質的競争であるところが、準市場化といわれる所以である。特に、この分野での専門化の傾向は近年凄まじいものがあり、専門人材の供給が追いついていないのが現状である。そこで専門職配置の最低ラインを整えようとするのであるが、そこでの多い少ないという評価の動きに目を奪われてしまい、各施設の状況を踏まえた現実的な専門職配置にまで至らず、そのことが問題の本質をすり替えてしまう傾向が見受けられる。具体的には、福祉・医療・教育の分野においても経済的効率性が幅を利かせてきており、複雑多様化するクライアントのニーズを一元化することのパッケージ型対応が一般的になっている。専門職配置の最低ラインに合わせた仕事となるために仕方のないことかもしれないが、個別ケースの複雑多様性において問題点を掘り下げていく本来的な専門職としての仕事をやりきろうとするならば、その専門職の自己犠牲による自発性である「やりがい」を強いられる現状がある。特に福祉や医療の分野においては、保険制度によって報酬が制限されており、このことにより専門職の処遇が十分とならずに専門的領域から立ち去る現象を容認せざる得ないこととなり、問題をさらに複雑にしている。このようなクライアントの複雑多様化したニーズを定型的な需要と考えて、画一的な公共サービスの供給でよいと考えることが最善の選択とは到底考えられない。必要な人に必要なサービスを個別的にきめ細かく行うべきなのであるが、さらにこれらのサービス提供を公務と位置づけながらそれを担うのは非公務員である民間委託化は中途半端なところである。専門性と専門職性はコインの裏表である。いくら専門性が認められても、いわゆる「オタク」の範疇とみなされれば別世界の人たちで終わりである。職業に就くことがアイデンティティならば、専門職性が専門性を裏付ける要素となる。そして職業人として認められるための専門職制度が必要となるのである[1]。そのためには名称独占とともにある程度の業務独占も認められなくては、専門的な職業人として敬意の対象とはならないのである。医療職と違って後発の福祉職にはその棲み分けも定かではない。そこまでに到達するまでは公務員としての安定した位置が必要と考えるのである。たとえば、公務員の福祉職場にはケアマネージャー、社会福祉士、介護福祉士、ヘルパーといった名称独占の職業人を意識的に雇用すべきと考え、現在の民営化の動きとは相容れない考えがあっても当然と考える。

　市民が判断するいわば「市民による規制」によって、民間委託された専門職の人材としての価値を判定することとなると考えられるが、その価値基準は市民的公共性であることは言うまでもないことである。市民生活に対する

「国による規制」の緩和の動きに対する安全・安心・安定を考えた「市民による規制」の統制が必要になると考えられる。市民による判断とは、自分だけの利益を考えるのではなく、広く市民社会にとって有益であるかを考えることで、市民社会とは何かという本質的な議論となるところである。以上のようなことを、二〇〇六年四月の介護保険制度見直しによって設立された地域包括支援センターでの専門職の人材育成や、その人的資源管理への行政の関与についてを検討してみる。つまり、地域包括支援センターが地域力再生の中核拠点となっているか、市民参加の実態はどうであるかを探ろうとするものである。このことはすなわち、民営化によって公共サービスを行う者の人材育成という行政サービスを民間委託することは、その制度客体である市民や市民社会にとってプラスと働くかを論ずることとつながることとなると考えられる。

(2) 地域包括支援センターは民間委託でよいか

地域包括支援センターは、現在では高齢者福祉の総合的窓口として地域の力となりうると考えられている。担当区域の高齢者人口は国の基準では三〇〇〇〜六〇〇〇人が目安で、常勤の保健師等・社会福祉士・主任介護支援専門員（主任ケアマネ）の福祉専門職による事業実施体制が確立した。行政直営方式と違って民設民営では、医療専門職である保健師の新たな採用が困難であることが指摘されていた。[2] 一方、民間委託という民営化のメリットとしては、資格を有した福祉専門職のチームとしての相談業務が包括的・継続的に対応できるとされているが、行政直営でのデメリットと考えられている経費肥大化を抑えるための民間委託化であるという観点は否定できない。メリットを十分に生かすならば、公務を委託された非公務員が十分に専門的能力を発揮できるように、権限委譲なされなくてはならないし、少なくとも公務において蓄積された情報共有化が行われるべきであると考えられる。有益な個人情報を民間委託先に開示しないならば、行政直営を継続すべきであると考えるのは見当違いの意見ではないと考える。今後、複雑多様化し拡大する公共サービスを、公務員による公務としての行政サービスとして独占するようなことは困難であるし、すべての職業を公務員にするような共産主義国家を目指すことなどは非現実的である。ここで危惧するのは、「強権的な小さな政府論」のために行政サービスが民営化されて廃止・縮小されていく事実である。また、それを実行する首長を「改革派」として肯定するステレオタイプの動きは、市民の間で十分議論がなされたものなのであるか、それとも世論というつかみどころのない気体のような雰囲気で動いているものであるかを見極めなくてはならない。後者の範疇である熱狂や、先行き曖昧な閉塞感で進んでいるとするならば、それは危険な兆候であると考える。なぜならば、これらの代償は受益者であり当事者である市民が負わなければならない事実が隠されているし、需要が小さくても必要なサービスは存在するし、今まで行政直営であった理由が存在するはずなのである。それを経済的効率性に劣るからといって、民営化により行政直営を廃止・縮小できるかは安易な雰囲気で決定されるものではないと考えられる。

すでに「公」と「私」の領域を明確に線引きすることは困難になっている。それも「公」を「官」、「私」を「民」と単純には言いかえられないのである(3)。つまり、拡大し続ける公共サービスに対して、行政サービスの内容変更という公務の変質になりかねない状況すら生じているからである。行政的措置として「公」によって行われていた高齢者に対する行政サービスが、「私」と公共性を有する「民」との契約関係において、「官」は保険者として監督するだけになった介護保険制度などはその典型である。そこでNPMが登場するのであるが、公務の民間委託化もしくは民営化という「公」に対する「私」の関与である。「官から民へ」の流れは、正確には「公から私へ」と表現し、公務民営化が私利私欲の私営化にならないための公共性の担保が必要になってくると考えられる。少なくとも、「官から無へ」の考えには慎重にならざるを得ないし、民営化とは本来の公共性を効率的に生かすための手段と考えるべきである。そうでなければ、公助と共助によってなされる新しい「公共」概念が、「官共」もしくは「私共」との表現に近いものとなってしまうのである。つまり、「公共」空間は公助と共助の交わるテーマ別のＮＰＯ等市民活動の場と考えるならば、自助と共助の交わる自治会等の地縁的組織は「私共」空間とも考えられるのである。それを「官」である行政が管理するようになれば、「官共」空間となって、これを「公共」と考えるには問題があると考えるのである。と同時に、パブリックとプライベートでは「滅私奉公」と公を優先することが当然と考えるステレオタイプも見直す必要がある(4)。

そこで、公共性の担保をどのようにして確保するかが焦点となるのであるが、公務員がいわゆる官僚制の逆機能に陥ることなく、市民を管理する行政的公共性に陥るのでもなく、市民の活動への支援に徹し、市民のネットワーク化を図るように仕向けるための「市民による規制」により、市民的公共性が担保されると考えるのである。そのために公務員は現在の状況に安住するのではなく、自己の領域の仕事に対する自律的考えと、現在の仕事ばかりでなく将来的なことをかんがみての創造性は養っておかなくてはならないと確信する。言いかえれば「自学」と「挑戦」である。公務員が非公務員より能力的に優秀であるわけでもなく、公務員が行うから制度的に安全・安心・安定を保証されていると考えるべきである。高齢者になるほど、公務員の行う公務についての無謬性を信じる者が多いと考えられるし、これらの高齢者に対する福祉の専門的サービスを包括的・継続的に、しかも経済的効率性に優れて提供することは正しいとしても、介護保険制度創設時の安易な民営化路線に乗って、行政は保険者としての役割に後退し続けるようなことで、果たしてクライアントのためになるのであろうかを考えなくてはならない。公務として公務員によって行われていた現場での高齢者福祉支援活動があるが、これを民間委託化や民営化することにより、公務員現場担当者自体の人材育成を怠る危険性があると指摘できる。利用者こそが当事者である介護保険制度、そしてそれを軸とした高齢者福祉となるためには、現場でのケアマネージャーの資質向上が必須であることは言うまでもないことであるが、その人的資源活用を指導できる人材について、民間委託された地域包括支援センターに任せきりにすることは、公務の丸投げという批判も出てきても不思議ではないと考える。極言すれば、高齢者福祉支援活動は公務員人材の内部育成を続けるか、外部委託することによってこの分野における人材の内部育成から撤退するかの岐路にあると考えられる。

地域包括支援センター福祉専門職へのアンケート調査(5)では、地域包括支援センターの専門職が勤務時間どおりに就業できずに恒常的な残業が存在する事実が判明した。このような自己犠牲が福祉に対する美談となるのではなく、必要に見合った専門職配置がなされるべきで、個人レベルの「やりがい」に期待するような民営化の責任はそれを実行した行政にあると考える。というのは、優秀な福祉人材が家庭と仕事の両立困難ために隠れていると推察でき、そのために現役の福祉専門職には公務員が行っていたとき以上の重圧がかかっていると考えられる。イエス・ノーの二者選択で、「今の仕事は公務員がやるべきか」を問うたところ、イエスが三分の二に達したことは驚きである。「将来に希望が持てない」との半数以上の回答には、何らかの行政的方策が必要と考えられる。複数回答可の設問では、現在の仕事は大多数の専門職が「人間を対象とした仕事のため人間的成長もできる」と回答している。以上のように成長願望が強いながらも、「生活する賃金を得るためと割り切っている」と、三分の二程度の専門職が現実を合理化している様子が明らかになった。さらに転職を考えたかは、「今の仕事に生きがいを感じて転職は考えてない」との積極的否定が四分の一程度あったものの、「福祉の仕事から転職したい」と回答している者の割合が、同じく四人に一人に達していることも驚愕に値する。今すぐにでも人材に対する方策を講じなければ、福祉資格を有した優秀な専門職人材が福祉分野から消えていく危険性がある。これは医療分野における看護職とも共通するところであるが、物を対称に資本集約的に生産する製造業と、生身の人間を対象にして労働集約的にならざるを得ない医療、教育、福祉の分野では、節約よりも人に対する投資がなされなくてはならないと考える。

「いくら時間がかかっても納得するところまでやる」が半数以上であったことに、福祉専門職としての責任が感じられたが、「時間的精神的にも徹底することができない」との回答が四〇パーセント近くあり、問題の根の深さを感じることになった。人材育成では、「自分も含めて専門職としての自己啓発が必要と考える」が圧倒的であった。しかしながら、「知識経験を磨かなくてはならないと考えるが時間がない」との回答も三分の二以上あり、早急に行政が関与した体系的研修体制が必要なことをうかがわせている。各地域包括支援センターでのＯＪＴは当然に実施しなければならないが、行政が関与したＯｆｆ－ＪＴが急務と結論づけられるのである。

一元化されたマニュアルによる対応やパッケージ型のサービス提供などはありえないところまで、福祉現場における複雑多様化は進んでいる。それだけに、優秀で経験を積んだ熟練度の高い専門職人材を必要としているのである。このような熟練を必要とするヒューマン・サービスは労働集約性が高く、経済的効率性には馴染まないと考えられる。高齢者の多様なニーズに備えた専門職人材を行政内部にとどまらず、広く有資格者を外部委託するところまでは理解できるが、それならばデマンドに対応した経済的効率性を追求するのでなく、政策の有効性や効果性を重視すべきであると考えられる。今回の民営化の方向の中の民間委託という形態は、目的に対する手段であるはずの経済的効率性が目的化したように感じられる。経済的効率性を考えた運営でなければ、包括的で高度な専門的サービスが継続できないということなのであろうが、これら民間委託された地域包括支援センターの行動原理は、限られた委託料から逆算される利潤動機ではなく、行政的な政策を必要とされている高齢者に必要な施策を実行するという使命による動機でなくてはならないと考えるのである。また、顕在的需要は数値化できて分かりやすいが、潜在的必要は本人による訴えも重要でありながら熟練度の高い専門職が見つけ出すこともこの必要の範疇で、場合によっては本人の希望しないことまでも信頼関係の上で説得しなければならないという分かりにくいところである。政策の有効性からは、福祉専門職の不満解消よりも承認欲求を満たせるような制度的仕組みが必要と考えられる。そしてそれに対応する行政の関与を強めることと、拙速な民営化への速度を抑えて考える余裕の動きも必要とされるのである。なによりも、福祉専門職の専門性を認める専門職としての制度を、行政は構築しなければならないし、福祉専門職の業務を名称独占のみにとどめずに、医療関係者のような業務独占までに踏み込んだ専門職制度の構築を考える時期が到来していると考えられる。以上のように福祉専門職人材の肉体的・精神的疲弊は進んでいるが、住民参加での地域の人的資源の総動員である地域ケア会議においても、そこでの福祉専門職人材の能力を超えるような行政的知識と熟練を必要とされているである。つまり、地域をまとめる質的・量的エネルギーが無制限に費やされることを容認しなければならないのである。そこに登場するのが医療専門職の医師である。経験的に医師は同じラインにとどまらずに上から目線の発言があり、それを行うことが自らの責任と考えている。それが満たされなくては地域ケア会議に出てこないと考えられるし、地域医療を担う医師がチームの一員として加われるような地域社会でないと、本当の福祉のまちづくりとは言えないのではないかと考える。

高齢者福祉における人材育成も、地域包括支援センター内の人材育成を担う専門職から、現場のケアマネージャーやヘルパーと多岐にわたっている。福祉現場の人材育成を地域包括支援センターに民間委託したならば、その人材育成をする人材の育成に行政が関わるべきと考える。アンケート内容を検証する面談[6]では、地域包括支援センターの専門職の共通した人材育成に関する意見として、行政がもう少し関与してもよいのではないかということが指摘されている。しかしながら、行政の関与はむしろ遠ざかっているように思えるのである。

❷ 「市民による規制」での公共性の担保

(1) 公共サービスの民営化はやむを得ないか

民間委託等の公務民営化について絶対反対と主張するものではない。民営化ならば、そのための人材育成があって、行政は関与する必要があると考えるのである。公務民営化が広く市民や利用者の利益につながるならば、あえて公務を公務員がその既得権益のために続けなくてはならない理由はない。しかしながら、ただ単に経済的効率性がために非公務員化を行うという論理は危険であると考える。それは一時的に公共サービス受益者としての市民や利用者の利益につながると思えても、当事者としての市民の立場からの長期的視野では、行政サービスとして公務員が制度的に責任を負うほうがよい場合が多く指摘できるからである。もっと危険なのはいわゆる公務員バッシングである。公務員自身が危険な状態では危険に陥った市民を安全に導くことができない。それゆえに法律を持って安定した身分が保障されているのである。検証もなしに公務員は無駄な存在であるという妄言が、公務員に浴びせられて公務員のモチベーションを下げる結果になり、結果として市民や利用者の利益にならないようなことが進みつつある。「官から民へ」「民でできるものは民へ」「徹底的に無駄をなくす」と叫ばれた小泉構造改革路線は、職場のコミュニティや地域社会の共同体意識の衰退を加速するものであったと言えないだろうか。言いかえれば、日本の強みとされるところをグローバリズムの名の下に破壊してしまったのである。つまり、グローバリゼーションとグローバリズムが混同されたことよる混乱である。[7]その結果が貧困・格差社会に突入し、たとえば都市部のマンションのセキュリティなどは民間警備会社が委託されているが、それ相当の負担のできないところは安全すらも危惧しなければならなくなってきている。以前の日本では「水と安全は無料」であったが、そのフレーズは今では通用しないと考えられる。福祉分野についてもこれらの地域社会の共同体意識の衰退を公務員による公助が補ってきたのであるが、この公助も非公務員が担うようになり、やがて「水と安全」と同様に市場経済化された自助努力を求められることに進むと危険性が指摘できる。つまり、強権的な小さな政府化によって住民各自の直接的な経済的負担が求められ、その負担のできない者は社会政策上のセーフティネットからも見放される貧困・格差社会に突入したことにようやく気づくことができたのである。そしてそれは今日では、誰しもが僅かのきっかけで滑り落ちる危険性がある「すべり台社会」[8]と考えられているが、それに対するセーフティネットが完全でないことは、自治体よりもナショナルミニマムを考える国の責任であると考えられる。行政が各自の税負担によって再配分を考える大きな政府論は、現在のような悪化する財政事情では分の悪い論理となっている。そこでいきなり経済的負担を伴う住民各自の自助努力を求めるわけにもいかず、地域の力として住民が助け合う共助を公務員の力によって育てていかなくてはならない状況となっている。そのことを担う公務員の人的資源活用とマネジメント能力が重視されることは必至であると考えられる。つまり、小さな政府論に反比例して、公務員の役割はますます重要となってきているのであるが、これを民間に丸投げしようという論理は乱暴であると考える。

ここで問題点を整理してみると、公務の民間化・民間委託化・民営化はやむを得ないものとしても、公務員による政策企画部門であったところまでも民営化しようという動きは乱暴すぎると考える。公務員が担当していたからこそ市民的公共性や市民的行政経営がそれなりに論議されてきたと考えられる。そこで政策としたことに対して、その有効性や効果性を考える素地が残っていたと考えられる。そこでの人的資源管理において、その人事評価によってそれなりに人材仕分けがなされており、公務員人材に対する適性が求められていたと考えられる。しかしながら、公務員による政策実行部門においてはその事業遂行の経済的効率性が前面に出てきて、公務員による直営は非効率であるとのステレオタイプから市民との協働を超えて公務員数削減の民営化へと走っていたように考えられる。このことは現在においても主流的な考えであるが、実行部門から政策企画部門まで民営化の嵐が押し寄せている。政策立案を無難なコンサルに丸投げして、その成果物が埃をかぶっていることなどは愚の骨頂である。なぜ時間をかけての市民との熟議による了解志向が貫けないかというと、その一端は単年度単位の予算制度にあることは間違いのない事実である。

財政的な事情から公務員によって継続が困難になった場合に民営化もやむを得ないと考えられるのが実行部門

で、事業仕分けなどでお馴染みのところである。この部門においては次の三つの道が考えられる。すなわち、事業そのものを廃止する、民間に事業主体を移す、事業縮小をしてでも公務員が担当する、の三つのパターンである。これが前述のように事業仕分けとして脚光を浴びているのであるが、その三つのパターンにおいても優秀な公務員人材のほうが必要であると考える。一番目の事業廃止については、ただ単に「官から無へ」とすればよいのではなく、そのようになった場合の社会的影響を質的に検討できる公務員が必要で、代替的方策を考えるのは公務員人材の重要な仕事である。スリム化された組織において事業だけ残っていることが最悪である。「もともと公務員は働いていないのだから民間並みに働け」という言い分ならば、その民間並みに違法性がないのかを検証しなければならない。また、現在は公務員で実行する必要性が少ないとしても、将来についてもそうであるかの検討がなされなくては、その後に事業再開のための予算復活はしたとしても人材が間に合わないという結果になる事例が見受けられる。二番目のパターンの民営化であるが、私企業が担当する場合は民営化が私営化にならないように監視しなければならないし、NPO等市民団体が担当する場合は、そのような公共的人材を育成することそのものが公務員人材の職務であると考えられる。民営化が私営化される結末では、公益性ある事業であっても、利潤動機に従って廃止されることとなる公算が高い。また、民間委託という選択肢においては、市場調達した人材が疲弊化しないように工夫がなされなくてはならないと考える。これは政策企画部門での非正規雇用常態化についても同じことが言えると考えられるが、民間委託や非正規雇用の人材は単なる人手としてのコストとして考えられる公算が高い。最後のパターンである直営であるものの事業縮小する場合は、経営資源の配分と公務特殊能力(9)の効率的活用が必要であることは言うまでもないことである。つまり、事業縮小となっても事業におけるサービス提供が質的に低下しないような方策を考えるのが、公務員人材の一番重要な課題となる。さらに、量的には縮小したとしても質的には向上するようなことが成し遂げられるのが理想と考えられるのである。たとえば、学校で科目数を減らしても充実した授業が可能である方策を考えることは、口で言うほど簡単なことではないと考えられるが、はじめから無理なことでもないと考えられる。

結論として、政策企画部門での公務特殊能力の効率的活用による質的向上の論議は比較的取り組みやすい課題と考えられ、全国の自治体において公務員人材の政策力向上の取り組みが聞かれるようになっている。また、自治体職員による研究会や自治体をまたぐ研究集会が、研修としての自治体主催や自学としての自主的開催されている。さらに、勉強会と称する公認の研究会や職員有志による自主研究会活動も話題として提供されている。しかしながら、政策実行部門においてはある種の経済的効率性の論議である顧客主義に固守するあまり、提供するサービスの中身の質的検討等が十分でないように考えられるのである。つまり、公務員数削減ありきの検討に陥っているのではないかと考える。公共サービスは量的にも質的にも複雑多様化することは子どもが大人に成長することと同じである。それを行政サービスという旧来の衣服のままでは手足が収まらないのである。それゆえに公務員は考えるのである。少なくとも安易で拙速な民営化という結論はしない前提で考えなければならない。ここで問題にした地域包括支援センターの行う公共サービスについては、行政直営から徐々に市民的公共性による民営化を図ることが正しい選択であったと思えるのである。

(2)「市民による規制」で公共性の担保を

そこで、公務を公務員が行うことが制度的に公共性を担保すると考えることは、大きな間違いではない、むしろ正論なのではないかと考える。自治体においては国の決めたことを公務として、ただ単に職務遂行すればよいのでなく、地方分権もしくは地域主権では独自政策を考えられる政策人材を求めているのである。それは政策企画部門だけではなく、現場の実行部門の公務員に対しても権限委譲がなされるフラットな組織のネットワーク化による底上げが理想なのである。公務に対する評価を長期的で集団的に考えるならば、実行部門を担う現場の公務員も中核人材であると考えられる。今、必要なことは現在の公務員の全体的底上げで、現場にて自律的で創造性のある仕事ができる環境である。つまり、現場においてはマニュアルどおりの経済的・効率的に仕事を進めることよりも、複雑多様化した関係性を分析して即時に方策を考えられる自律性と創造性に富んだ個性的な人材を必要としていると考えるのである。公務を引き継いだ場合の非公務員の資質や倫理を考えるより先に、現在の公務員の公務に対する自律的創造性や使命感、要するに「公務員のやる気」を研究分析しなければならないと考える。本来当事者である市民を公共サービス受益者としての顧客とし、顧客満足での市民サービス向上のみを現場に求めるのは、経済的効率性重視の「安上がりの行政」に徹しただけであるのかもしれない。ここで市民はサービス提供の制度客体であるとともに、その制度を当事者として考える自治主体であることを思い出すべきである。市民の市民による市民のための行政を実現するためには、当事者である市民に立脚した研究が必要となり、自助と公助のはざまでの共助を重視できる地域共生を考えることのできる地域の公共的人材の育成を、まずは公務員によって推進しなくてはならないと考えるのである。そして現在ではその地域のまちづくり人材とともに、その公共的人材を育成する公務員も含めて、地域公共人材と称するのが一般的となって重要視されているのである。

昨今では「官から民へ」の流れに呼応して、「官」に頼らない自助や、自助のつながりである地域での共助が重視されているが、ひとつ間違えると「官」の責任放棄につながる危険性がある。公の部分を「官」と「民」で協働するということは理解できたとしても、「民」に任せきりにする理由とはならないと考える。たとえば、地域包括支援センターの運営については、公助が自助や共助とうまく融合するのが理想で、行政はそのような長期的視野において地域の力となりうる人材を育成していかなくてはならないと考える。つまるところ、地域共生的な共助があってこそ、公助と称する公共政策がうまく作用するのである。現在のところ、地域包括支援センターの福祉専門職人材は過重な就労に不満を持ちつつも、いわば自己犠牲によって日常的な高齢者支援活動を展開している。公助での本家である行政がそれに任せきりでは、その人材を消耗品扱いしているのと同様と考えられる。真の「官から民へ」とは、単なる公務の非公務員化ではなく、公務としての経営の民主主義化にあるものと結論する。公務員によって公共性を担保するとともに、自律的当事者としての市民による統制である「市民による規制」によっての民営化、つまり市民の関与による民主主義的経営が不可欠であると考えるのである。

以上のように、行政が提供する公助部分が民営化・民間委託化される動きは、「小さな政府」なのか「安上がりの政府」なのかを見極める必要があると考えられる。ここでその分かれ目となるのは、公共性をどのように担保するかということである。規制緩和という語句が良いイメージで考えられているが、ここで広く公共の福祉、日常の市民生活を守るための市民の力による統制、いわば「市民による規制」が必要なのではないかと繰り返し述べるものである。それは議会主義に従って、選挙においてそのようなことを主張する候補者に投票するという政治的判断も重要であるが、直接的に市民がＮＰＯを結成したり、さらには主力メンバーとして参加したりして、政治的に働きかけるという方法もあると考えられる。この二つの道は、今後対立するのではなく、お互いが補完し合う政治的な市民活動と考えられるとともに、行政とは補完性で語るのではなく、市民との相補性におけるお互いの役割を果たさなくてはならないと考えるのである。

次に公務は公務員が行わなくてはならないかであるが、必ずしも公務員が卓越した優秀な能力を有しているのではなく、制度上で公務員しかできない公務特殊能力が存在することと、そのサービスを受ける者が公務員なら安全・安心・安定と感じる制度上の保証の存在が大きく関わっていると考えられる。このことを一言で表すならば、公務員の有する公務特殊能力の効率的活用が重要と考えるのである。公助に依存しない自助や共助について、その意義は否定しないが、それが前面に出てくると行政サービスの後退ということにつながってしまうのも歪めない事実である。拡大し複雑多様化する公共サービスに対するニーズがあるのにもかかわらず、縮小し単純一元化する行政サービスが存在している事実の矛盾を解決するには、市民の参加があり、参画をした上での「市民による規制」によって、社会全体のことを考えない行動を牽制するとともに、市民自らが自発的に公助の補完となる部分を担っていかなくてはならないと考える。つまり、自助と公助のはざまを市民が埋める相補性によって、公共性の担保を行政の責任として訴えることができるのであると考える。そのことにより、共生的な市民社会が醸成されると考える。以上のように述べてくると、地方分権および地域主権と叫びながら、「事業仕分け」なる作業で公務員数を削減するような構造改革的目論見は矛盾するように思えるのである。また、公務員が行うから無駄が生じるのでＮＰＯ等の市民団体に引き受けてもらおうとの論法も、かなり無理な飛躍があるように考えられる。しかしながら、市民こそが自治における自律的な当事者であって、経済活動における単なる顧客ではないとの思いは増すばかりとなるのである。ここで自治体職員に望む適性とは、市民との関係において文脈が読めるということであると結論する。このことを市民は監視して、物申す行動を起こさなければならない。

❸ 当事者としての市民の行政経営への参加

(1) 強権的な「安上がりの行政」

行政経営において「安上がりの行政」をめざすようなこと、つまり事務事業の縮小廃止や公務員数の削減が課題となるような行政は、基本的に住民主導による行政の支援活動およびネットワーク化を目指す「大きな行政」経営の否定であると考える。行政が住民を支援する活動に徹底するということは、行政にかかる費用の節約ではなくて、むしろ費用の拡大をも生じることを覚悟しておかなくてはならないと考える。きめの細かい行政活動にはそれに伴う費用が生じるのは当然のことである。しかしながらその部分を住民との協働によって、行政と住民が地域共生的にテーマ別に担い合うことは可能であると考えられる。されど、住民からは無駄な事務事業や必要のない公務員が存在するのでスリム化をはかることが先決であるとの主張となるのであるが、それは実際には廃止されるはずの事務事業やそれによって配置転換された公務員の仕事を、残った事務事業や公務員で予算がつかないままでカバーしている事実があることを、住民は認識すべきであり、マスコミも報道すべきである。ただ単に「公務員は民間と比較して楽をしているので削減できる」というステレオタイプの刷り込みは、危険であるように感じるのである。また、その一般受けするような公約で当選を果たす「改革派首長」などは疑ってみる必要がある。仮にその当該事業を無駄なことと決め付けて直ちに廃止するという公約でも、本音のところは必要性は認めるものの、費用が嵩張るから今すぐには必要としないと判断しての廃止もしくは先延ばし、つまり将来のつけにするという事実が隠されている。このことが、結果として住民へのサービスの質的量的低下を招くこととなり、評価に値しない「改革」となる可能性がある。今、自治体に無駄な事業や人員が存在すると切り捨てられるようであるならば、その将来的つけは必ず住民に返ってくるのである。現在不必要と判断される事業や人員は、将来にわたってもそうであるかを考えなくてはならないのである。さらに、人員を調達して人材を育成するには、それ相当の期間と投資費用がかかることを忘れてはならない。安易に外部委託したり外部調達するという考えは、公務特殊能力についての考えが捨象されているのである。また、費用対効果を過度に重視するために、コストどころかプロフィットを求めているかのごとき「改革」が横行しているのも考え物である。たとえば、公共的な事業である病院・水道・交通などは、その公共性がために赤字経営となることが捨象され、金儲けをしなければならないと、公共的使命さえも消えてしまうのである。いわば「改革」と称するＮＰＭの陥穽で将来の道を見失っていると考えられる。公務労働を実行する際の経済的効率性とは政策実現のための手段であって、それそのものが目的化する行政経営はありえないということが忘れられてしまっているのである。このようになっている現在こそが、政策企画部門の民間化と実行部門の民営化を経済的効率性重視で進めるNPMに変わる「もうひとつのNPM」、つまり、経済的効率性のスピードを緩めでも、市民的行政経営でのNPMが可能であるかを探ってみる必要があると考えられる。それは行政活動の価値につながる行政活動の有効性、一言で言うならば、行政効果を考えた上での評価を考えることが、経済的効率性一辺倒のNPMに対峙するものと考えられる。人的資源管理についても、単に経費節減のために投入人員を削減するということではなく、産出されたものの中での効果について考えることで、貴重な人員が人材とならずに無駄な人手状態になっていないかを確かめるべきであろう。これが成し遂げられないならば、現有の人員の政策人材化がないがしろにされての「人員余りの人材不足」の状態へと進むことになるのである。本来、政策を考えられる人材の必要性が問われることが、その人材よりも人員に終始することにより、多くの「隠れた人材」を発見できなくなってしまうことになりかねないと思われる。つまり、量的な人員ではなくて、質的な人材で行政活動の価値を高めることが政策の有効性となるわけである。さらに言うならば、一部の優秀なエリート人材を育成するのではなく、別段優秀と考えられなかった一般的な人材を底上げして、政策を考えられるコア人材としていくことが理想なのである。人員削減のための施策は強権的に進められる。それは人を減らしただけで将来には何もつなぐことのできない愚策であるとの批判を、特に福祉人材に関しては声を上げるべきである。

⑵　指定管理者制度を市民管理者制度に

たとえば、民間委託化である指定管理者制度というものが、行政にとっての経費節減と、パートナーシップと称される住民参加を同時に実現できるものともてはやされているが、この指定管理者制度の運用を誤ると、それは行政と住民双方にとって、いわば麻薬とも言える処方箋になると考える。つまり、株式会社のような営利を目的とする団体の参加や、ＮＰＯ等の市民団体を経費節減の受け皿にするということは、経済的効率性に勝っていたとしても、公共サービスの質的変化をもたらす危険性がないか、そしてその継続性は確かであるかを考えてみる必要がある。この質的変化に対応するためには、指定管理者制度の更新期がめぐってきた時期に、直営に戻すことも視野に入れた自治体独自の政策を考えられる人材の育成を考えるべきである。また、これらの人材が住民とともに公共性の担保を守り通すことこそが市民的公共性と考える。指定管理者の選定および更新を行うために、公共サービスの劣化や変質に対応できる人材を育成することは、行政として手を抜けない重要な急務と考えられる。公務公共サービスの民間への開放は、それそのものは単純に否定されるべきものではないと考えられるが、そうだとしても、民間開放による公務そのものの劣化や変質を注意深く見守っていき、市民生活と直結する事業などにおいては決して見逃せるものではないと確信する。目指すところは、行政・企業・地縁的組織・ＮＰＯ等市民団体からなる市民による共生地域社会である。

そもそも公務サービスを採算管理が必要なＮＰＯも含む民間組織に、マネジメントとも一括して開放するということは、公務員なら応能的に行っていたことを利用者の受益に見合う負担がなければ、益を受けることができないということにもなりかねないと考えられる。サービスに見合うとされている応益的な負担を甘受するか、そのサービス不足分を自助や共助で補わなくてはならなくなるわけで、仮にその負担や自助が困難な者は社会的に切り捨てられる可能性もあるということに等しい厳しい社会になりつつあると考えられないこともない。自家用車がなければどうしても利用しなければならない公共交通の料金を、受益者負担の原則から損益分岐点以上の設定をすることは、大衆収奪と称されても仕方のない行為である。しかし、この論法は誰しも考えることで、公務民営化反対論には必ず登場する論理である。そしてあまり話題とはならないが、もうひとつは公務員制度における定員制度が行政サービスを支えているという事実である。この定員制度とは適正な公務員数を考えるものであるが、結果として熟練度の高い公務員を守っていることとなっているのである。それが「公務員の給料で、民間なら二人雇える」という論理になることの安直さを指摘しておかなければならない。公務を遂行する知識や経験に基づく能力が著しく劣る公務員を、雇用対策のような民生的理由で雇い続けなければならない根拠は乏しいものと考える。そのように公務員を「給料の割には働かない」というステレオタイプに見るならば、定員数から解放されて総費用でまわせることは、経済的効率性が良いと考えられるわけである。それがために官製ワーキングプア[10]なる現象が生じるのである。しかしながら、福祉分野におけるヘルパー業務のように、個々の利用者への対応に熟練した公務員一人分で、画一的な仕事の未熟練なパートの登録ヘルパーを二人雇えるという論法ならば、このことは結果的に利用者のためにならないばかりか、非正規低賃金労働による経済的貧困およびその結果の格差問題を社会化することになるのである。そしてその解決に公費支出がなされるということになるならば、はじめから定員管理の公務員による公務サービスを継続したほうが良かったということになるのは必定である。以上のようなことは、何よりも採算管理を必要として利潤を生むことで事業継続をはかる民間企業において、契約社員の雇い止め問題が社会化することによって、社会保障にかかる公費支出が増大する事実を考えれば承知できるところであると考える。社会全体としては、非正規労働の常態化による未熟練労働二人分よりも、安定雇用による現場で自らをマネジメントできる熟練労働一人分のほうが良いと考えられることは否定できない事実である。

指定管理者制度は、市民の市民による市民のための行政実現のための手段であって、市民によってマネジメントされるという「市民管理者制度」のような形態となり、行政的な処分行為である指定を市民の手によってなされることが、自治主体としての市民の使命と、それにより醸成された市民社会実現を目的として必要と考えられる。さらに言うならば、それこそが二一世紀型社会と感じるのである。その結果として経済的効率性が充たされるようなことならば、なおさら、醸成された市民社会における市民自治の目的を充たすようになると考えるのである。つまり、社会合理性の中の経済合理性を実現するための手段である経済的効率性も必要であるが、それよりも社会合理性にかなった地域公共人材の育成が先にあるように考えるのである。あまりにも経済合理性が追求される企業中心社会であるために、社会合理性や市民社会の実像が見えにくくなっていると考えるのである。

◆注

（1）専門性とは専門職性の基礎と抽象度の高い「学問・研究レベル」の課題を持つ項目である。専門職性とは「職業レベル」の課題を持ち、社会における「職業としての社会福祉」の要点となる項目である。それは実用性や有用性に力点が置かれる。それが進むと、専門職が社会で機能するために必要な「制度・システムレベル」の課題を持つことになる。専門資格などは専門職制度の中核であるものの、その自体も制度の一部に過ぎないと説明する。資格による名称独占よりも制度としての業務独占が、職業としての意識を高めるためにも必要なことであることは言うまでもないことである［秋山二〇〇七：一一四—一一八］。

（2）筆者は二〇〇八年一〇月一一日岩手大学にて開催された社会政策学会第一一七回全国大会において「高齢者福祉民営化と人材育成」と題する研究発表をしたが、そのときはこの地域包括支援センターについての研究はスタートラインに着いたばかりで、質問等の中で中小都市においての行政直営に関しても新たに保健師資格職を採用することの困難性について知ることができた。そのため発足時点では相当の経験有する看護師まで緩和されている。

（3）「公私」や「官民」の二元論から「官協私民」の四元論を引き出している。「官」は政府性のパブリックで、「協」市民性のコモンである。この公共セクターに対しての民間セクターを市場性の「私」と家族性の「民」に分けている［上野二〇一一：二一三—二一〇］。

（4）常識的なパブリックな考えに反するプライベートな空間こそがパブリックと言えないこともない。アメリカ社会はプライベートな個人の自由を優先するパブリックな社会を形成してきた。トヨタ・レクサスはそれを取り巻くパブリックな空間づくりに成功したのである。アメリカではプライベートな空間が守られる社会こそが、心安らかにできるパブリックと言えるのである。それは自分が自然にプライベートになれるパブリック空間とも言える。エゴイズムでなくプライベートの保障である。喫煙ルームでプライベートを満喫していても、たとえば赤ちゃんを抱いた母親が来れば禁煙となることや、禁煙ゾーンに誰もいなくてもタバコを吸わないことなどはパブリックな行為である。このパブリックとソーシャルは密接な関係で、ソーシャルで窮屈なパブリック空間よりもプライベートを満喫できるパブリック空間はホスピタリティの世界と言える。

学校のキャンパスなどはプライベートが保障されてのパブリック空間である。それを窮屈に規則で縛られてこそ管理の行き届いたパブリック空間と考えることは、現代日本においても当たり前のようで当たり前でないと考えられる［山本・加藤 二〇〇六：七二―八八］。

(5) 三宅［二〇〇八］は二〇〇七年八月に政令指定都市K市の地域包括支援センター六〇カ所の福祉専門職約一八〇名に対するアンケート調査と六カ所に対する面談調査を実施した。そこでの判明したことは現場の福祉専門職の疲弊と、まだまだ社会的に認められないことへの不満であった。末尾参考資料参照のこと。

(6) アンケート調査でも「行政に丸投げされた」との不満が多くあったが、面談での調査においても同様の意見が投げかけられた。しかしながら、行政も設立当初その時期においては情報と準備不足のため、明確で具体的な指示ができなかったことを否定できない事実である。

(7) 篠原［二〇〇四：七五―八二］は地球化のインパクトとして、このグローバリゼーションは不可逆的で多次元的なものであるとして地球統治の必然性と述べている。一方、思想としてのグローバリズムは新自由主義による世界市場支配のイデオロギーであり、アメリカンスタンダードを全世界に強いるものであると説明している。

(8) セーフティネットは三層構造で、雇用ネット・社会保険ネット・公的扶助ネットである。残余モデルに従えば生活保護が最後のセーフティネットである。一番目の雇用ネットでは企業は生き残りのために非正規雇用の常態化やむなしの構えである。身分的保証もなく賃金も低く、雇い止めによる失業のリスクが高い。二番目の社会保険ネットではフルタイムの非正規雇用者に失業給付がなされるとは限らないし、公的扶助のネットでは生活保護の水際作戦などが組み込まれている。足を滑らしたならば、ネットに引っかからずに底まで落ちることを「すべり台社会」と呼んでいる。足を滑らした多くの人が貧困に陥っているが、これを自己責任として片付けることができるのであろうか［湯浅 二〇〇八：一九―三八］。

(9) 典型的な公務特殊能力は射撃である。射撃能力は他人に傷つけるための能力である。警察官による逃走する容疑者の生命を奪わない程度の傷を与える能力は正確さそのものが問われている。しかしそのような能力は日常生活に必要はなく、公務としてのみ必要な能力なのである［三宅 二〇一三：一三］。

(10)「常勤的非常勤」や「恒常的臨時職員」という言葉が大学教員や自治体職員の間では不思議なことではないのである。また、専門職として従事しているが予算の関係で扱いは事務職とか、連続して長期に雇用できないために「たらいまわし」される事実が指摘されているが、正規職員との決定的違いは賃金で、職場では補助的業務ではなく戦力化されている現象が、本来このようなことを取り締まるべき「官」から生まれているので「官製ワーキングプア」と呼んでいる［官製ワーキングプア研究会 二〇一〇］。

第5章 人事行政への市民参加は可能か

❶ 人事行政の実態と問題点

(1) 公務の市民開放

指定管理者制度は管理権限も含めて指定された者に任せることにより、公共団体は公の施設の所有者としての責任を負うのみとなる。つまり、行政はまったくの民営化と相違して利用者に対する責任はあるものの、それが日常の管理業務として速やかに反応するとは限らないのである。直営や管理委託での行政の責任から考えれば、行政の行う公務の民間への丸投げに等しいということになりかねないのである。よい意味では行政による民間への大幅権限委譲であるが、言いかえれば行政の責任放棄とも考えられなくもないことである。これは単なる経費節減のための民間委託ではなくて、「公設民営」さらにPFI方式による「民設民営」につなげる公共性そのものを変質させる恐れのある問題と指摘できる。独立行政法人制度による民営化も同様なことが考えられ、公立病院が民間の病院になるメリットとデメリットを十分に検討しなければならないと考える。しかしながらこれをまた逆の見方をすれば、行政から見ると処分である指定をNPO等の地域の市民団体が獲得することによって、市民主体の管理運営そして経営が可能となり、行政はその支援に徹することとなるわけである。さらにこれをうがった見方をすれば、営利団体がビジネスとして引き受けないような分野を行政は、安価な受け皿としてＮＰＯ等市民団体に引き受けさそうとしているとも考えられるわけである。

民間への丸投げによる行政の責任放棄というような最悪のシナリオにならないために、指定を受けようとするＮＰＯ等の地域の市民団体は、経営に対するノウハウを有していなければならないことはいうまでもないことであるが、行政の心がけなくてはならない点として、第一に住民の施策を受ける権利の平等性や公平性が保障されること[1]、第二に住民は継続的、安定的に自治体の施策を受ける権利があることが上げられる。そして三番目に税の無駄遣いにならないための経済的効率性の問題が検討されるべきと考えられる。行政にとって経済的効率性は順位度の低い手段であって、一番目や二番目の課題を遂行できる地域人材の育成を心がけなくてはならないと考えられる。これの意味するところは、負担のできない人は本来の公助を受けることをできないことが生じることや、使命よりも利潤を優先しての継続性が宿命の営利団体の撤退により、継続性が断ち切れてしまうことが生じることの危険性までも考えた行政の責任を必要としていると感じるのである。そもそも自治体の行う業務を経済的効率性のみで判断してはならないということなどは大原則である。利潤への貪欲さを抑えた経営が地域社会での企業市民として必要なのと同時に、行政は費用に対する意識は必要なものの利潤を考える必要はないのである。もちろん、行政の利潤とは行政投資に対する税収を指すのであるが、この費用意識と利潤意識が混同されているのが現在の行政経営であると考える。それを踏まえたうえで、自治体職員は特定の企業や一部の利益集団に奉仕するのでなく、住民全体への奉仕者であることを改めて認識しなければならないと考えるのである。

当然、公益性や経済性を意識して、その能力を有している団体が選定されるわけであるが、その団体が人権や環境に対してどのように考えて、社会性を有する実践をしているかも重要な審査項目と考えられる。いくら経済的効率性に優れているような優良団体であっても、違法なサービス残業を強要したり、女性や障がい者を差別的に処遇している団体などは、指定管理者としての選定には相応しくないと考えられる。さらに、社会貢献や地域活動を重要視しないような団体も、公の施設管理の指定には適さないと考えられる。つまり、経済的利益の生じるところでは善人であるが、そうでないところではそれを相殺するほどの悪人であっては、社会全体の利益を生む団体とはいえないと考えられるのである。そのようなことを考慮しての指定でなくては、株式会社等の営利団体よりも、経営に関する経済的効率性の劣ると考えられるＮＰＯ等市民団体が、指定を受けるには不利な立場になることは明らかである。そもそも収益性に対する蓄積のある株式会社と、それに劣るＮＰＯ法人を同じ土俵に乗せることは、平等であっても公平でないのである。それならば、市民が参加して評価・見直しまでを担当する透明性のある選定委員会が道理に適っているように考えられ、それによって「指定管理者制度」は、真の指定管理者制度である「市民管理者制度」に近づくと確信する。ところが、そこまでの市民参加を前提にした指定管理者選定委員会の存在を未だに耳にしないのである。

⑵　市民の手で計画・実行・評価・見直し

不完全であったとしてもこれらの指定管理者制度導入は、ＮＰＯ等市民団体の公務への参加に画期的な変化をもたらしたものと考えられる。それは今までのＮＰＯ等市民団体は、それらの団体間のネットワークでは経験済みであったが、公共的団体や株式会社との競争関係もしくは協調関係は未知の領域であったと考えられるのである。つまり、今までは公共団体が行政活動としての審議会や検討委員会、さらに連絡協議会と名を変えて、その事務局となっての中心的な役割を演じて、行政としての責任において可能と判断する範囲内の決定をし、それを無難にこなしていた傾向であったと考えられるが、それはつまるところ、市民団体を含めた地縁的団体は行政への要望を伝えるのみに甘んじていて、その圧力団体としての組織的言動や声の大きい者の存在によって、行政的な実行がなされていたとも考えられなくもないという事実である。ところが、この指定管理者制度利用によって、行政主導による活動が住民こそが当事者であるということの住民主導に変化することも想定できるのである。そのように考えられる住民こそが来るべき市民社会の市民、二一世紀型社会の主権者の形であると考えられる。このように指定管理者制度を通じてＮＰＯ等市民団体が成長しつつ熟成すると、行政活動を行う公共団体・その公共団体に関係する公共的団体・ＮＰＯ等の市民団体・株式会社等の営利団体が、対等にネットワーク化することが可能になると予測できるし、このようになると、各種市民団体は行政による管理から解き放たれて、住民が主体となった社会貢献・地域活動が可能となり、行政はネットワーク上の支援に徹するパターンとなる構図が完成するのである。つまり、行政が中心に位置して地域の企業や地縁組織、さらにＮＰＯ等市民組織を管理するような行政的公共性の構図は、市民による決定機関が中心に位置する市民的公共性の構図に変化するものと考えられる。その意味から、ＮＰＯ等市民団体は積極的に公共団体や公共的団体、そして営利団体に近づくことでネットワークをつくり、この指定管理者制度を活用すべきと考える。さらに、行政は自治体経営としての人材活性化を行政内部から始め、その成果が求められる外部環境にも徹底しなければならないと考える。そうすることによって、ＮＰＯ等市民団体は、行政の補助金や助言により活動をする市民団体から、行政や株式会社までもクライアントとして扱った活動ができる市民団体へと発展する可能性もあると考えられる。さらに、使命を活動原理とする市民事業経営と、利潤を行動原理とする民間企業経営とが、市民の市民による市民のための経営においては、その強みとなる最大の要素を発揮したネットワークによって、市民主体・行政支援・企業協力の共生地域社会が出現すると考えられる。[2]まずは、共生地域社会における公共人材育成がそれがための決め手であり、福祉分野では地域包括支援センターがその重要な役割を担っていると考える。

ＮＰＯ等市民団体が指定管理者制度における指定を受けることは、行政の責任放棄とともに安価な受け皿に利用されるという説が根強い(3)。また、ＮＰＯ側にも行政との関係を深めていくことに対する警戒心といったこれも根深いものがある。たとえば、株式会社等の営利団体が参入を目指そうとする事業においても、行政ではすでに嘱託職員や臨時職員といった非常勤職員で賄っているところが多く、期待するほどの費用節減効果は少なく、指定管理者としての委託料で商業ベースに乗るものは考えられない。つまり、すでに「おいしい」仕事はないのである。そうなると、そのような利益性の乏しい事業から営利団体が撤退して、ますますＮＰＯ等市民団体が行政の安価な受け皿となる可能性が高いと予測される。このようなことに対しては、ＮＰＯ間の協力連携や、指定管理者制度に対するノウハウを提供する中間組織としてのＮＰＯの設立、さらには諸団体の強固なネットワーク化が考えられる。しかしながら現実の姿として、ＮＰＯ等市民団体の構成員の労役といった個人的犠牲による貢献や、特定の個人の財政的持ち出しによって維持継続がなされる事実があり、これを考え直す手立てを講じることが肝心であるように考えられる。とはいうものの、先述したように企業経営と比較して、ＮＰＯの経営においては使命の占めるところが大きく、個人が持ち出しにて経済合理性に反する行動もいとわないということになる傾向がある。また、何かいいことをやっていると言う意識から加熱される傾向もある。これらのことを評価し過度に期待すると、その特定の個人の消耗とともに活動が停止するところとなるのである。事業の継続性からはそのような個人的犠牲に対する期待は慎まなければならないことと考える。されど、この個人的犠牲がないと継続しないのがＮＰＯの経営ともいえるのである。この二律背反をどうすれば解決できるか。その解答は意外に簡単なところにあって日常的に実践されている。つまり、ある特定の個人に集中するのでなく、分散することが市民活動のエネルギーともなると考えられるのである。人間は功利主義的な短期的損得関係で動くものであるという定理こそが、企業経営における経済合理性による継続性であると思われるが、その企業経営の弱みである使命による意志の強い行動をＮＰＯ等市民団体の経営には備わっていると考えられる。つまり、公助とは「市民による規制」を受けた公務員が直接的に経営するのが本筋の主役であるものの、何らかの事情においてそのようにならないことに対しては、指定管理者制度活用にてＮＰＯ等市民団体が担当でき得る方策を考えなくてはならないのである。つまるところ、直営にて市民的行政経営を実践できる公務員を内部育成することと、さらに、非公務員の共生的な地域人材を育成できる人材を公務員に求めることが、市民的公共性における行政経営での人的資源管理の結論となる。それはいわゆる「人材仕分け」によって価値づけをしなくてはならないのである。

行政の安価な受け皿と揶揄されようとも、その団体の強みを最大に発揮した結果であると自信を深められるようなＮＰＯ等市民団体が育ってこそ、醸成された共生地域社会、つまり、二一世紀型市民社会への道といえるのである。行政はタテ関係にて自治会等地縁的組織を取り込もうと考えがちであるが、今後は行政の仕事を担ってもらえるテーマ別のＮＰＯ等市民団体とのヨコ関係が重要となってくると考える。こうなると行政の目の届く範囲の団体だけでは複雑多様化した行政課題を解決することができず、必然的に株式会社等の利益組織も含めたネットワーク化に向かうと想像できるのである。また、そのときでのＮＰＯ等市民団体の役割は大きいと想定できる。なによりも、ＮＰＯ等市民団体は政策や事業の計画と実行のみならず、評価および見直しまで手を広げなくてはならないし、それが本当の市民参加と考えられる。福祉分野においては官製の地域包括支援センターや半官製の社会福祉協議会(4)とともに、ＮＰＯ等市民団体の存在を忘れてはならないのである。

(3) 人事行政への市民関与

民間の地域公共人材が育成されたとして行政の仕事が終わるのではない。行政はこれらの人材活用のために、管理をするのではなくて支援という形でのコーディネート役の重要な任務を負うのである。それすら、ＮＰＯの中間組織が担当することが可能となったり、行政そのものをＮＰＯ等市民団体が担うことができたならば、理想的な地域共生的市民社会の完成であるが、話はそのように簡単にはいかないのである。このまま行政が自らの財政的事情によって「市民参加」と言う名の責任放棄を繰り返したならば、福祉への行政の関与は後退していくのである。つまり、自治主体としての市民はこの点においての主役であるけれども、制度主体としての主役である行政が都合のよい論理によって責任逃れすることは許されないのである。なぜこのように市民と行政に緊張矛盾関係が生じたかと言えば、その理由のひとつが、複雑多様化する公共サービス、つまり個人間、または個人と行政との関係性の多元化による個別ニーズの多様化にある。それを学校給食のような一元化されたパッケージ型サービスを続けるとするならば、成長に必要な栄養確保による健康増進という大義名分が必要となってくる。しかしながら、学校給食においてもアレルギー体質や思想信条による鶏卵・豚肉・砂糖使用不可というニーズの多様化が存在している。ましてや多面的な公共サービスにおいては、同じ個人であっても立場の違いという多元性がある。たとえば、社会保険に従事する職員は社会保険の受益者でもあり、社会保険労務士の資格を有していたり、新しい制度を考える政党の構成員でもあるという多元性は当たり前のことといえるのである。従前のように、行政に従事する者は行政にとっての一元的な規則の解釈だけでは、現実と乖離したような論理での自己矛盾に陥ることとなるのである。当然、その立場によって言動も変化するのであるが、およそ非現実的な判断は規則がそうなっていても許されない現実がある。たとえば、社会保険に従事する職員の立場からは高齢者の医療費抑制を考えるのであるが、身内に社会的入院に近い高齢者が存在するならば、高齢者医療に対する考えも変わってくるのである。つまり、高齢者が病院難民となるようなことは、仕事としては平気でできても、利用者としてはそのように割り切れるものではないのである。その結果、老人ホームもどきのサービス付き高齢者向け住宅が金儲けのために存在し、挙句の果てに「胃ろうアパート」なる貧困ビジネス(5)も登場するのである。市民と行政の緊張矛盾関係は生じても当然であり、これを了解志向による熟議で解決していく考えが、なぜ沸き起こらないのかが不思議でたまらないのである。

公選制でない区役所のトップマネジメントである区長や、区役所のまちづくり担当課の管理職以上は経歴等の個人情報の開示もあって、何を意図にその職務に当たらせるか、そしてその人物が適任と判断したかを、行政は説明責任として負うものと考える。さらに一歩論を進めれば、住民と行政の人事協議会のようなものがあって、まちづくりに関してはその承認を必要とするようになれば、住民の意見も反映されるものと考える。しかしながら、人事協議会によって公務員がその職を解かれるようなこととなれば、その弁明の機会を与えるのに従前の人事委員会では不十分と考えられるので、人事協議会が行政からの案件の承認にとどまらずに意見反映できるような機能のさらなる強化が必要と考えられる。そのためには当該職員の個人情報の開示が必須条件となる。これは司法においても不十分ながら裁判官人事への市民参加が実現している[6]ので、行政においては不可能であるという論理にはならないと考えるのである。行政の特別職には議会の承認があるとの考えも成り立つが、地域における経営資源としてのヒトについては市民の直接的なチャンネルがあっても不思議ではないと考える。すべて、結果としての価値を前提とした論議が必要で、事実だけにとらわれすぎると、議会無視論や個人情報の壁で何もできないということになるのである。

具体的なことを提案してみると、市民参加による人事評価制度があることが本来の自治であると考える。自分に関わることを当事者として自由な意思によって決定できることが重要なのである。自らのことを決定できてこそ自治が存在するし、自治であればこそ自律的決定ができるのである。たとえば、市役所の人事部門の職員と公募市民によって形成される「人事評価委員会」が存在することは不思議なことではないと考える。従前の人事委員会制度ですら、委員の選出過程は不透明との指摘もできるが市民代表の委員であるから、選挙管理委員会委員や教育委員会委員と同様に市民参加、そして市政への参画ができて当然なのである。この自治の考え方を尊重すると、政令指定都市の行政区の区長などは公選制になっていないのであるから、何らかの形で「市民による規制」が担保されなくては市民的公共性よりも行政的公共性と言われても仕方がないのである。市民は自治主体であることを、代表民主主義の議会だけにとどめる理由などはないと考える。これを突き詰めて述べるならば、市役所内部の人事で派遣されてきた区長を市民の代表によって承認、もしくは拒否できる制度が担保されていてこその市民的公共性と考える。当然、そのことによって不利益を被った職員は人事委員会に提訴できることは言うまでもないことである。また、労使間の交渉によって処遇を決めるときに、密室での交渉でなくてこれらの市民代表の委員が同席できるようであったならば、アンダーテーブルなところによる妥結である「職員厚遇」問題などが生じるはずもなかったと考えられるのである。

特に、まちづくりに関することなどは担当の公務員の本気度によって質的な差が生じると考えられる。たとえば、「前任者は熱心な対応であったのに、現職はさっぱりでレベルダウンした」というような市民の不満はよく聞くところであるが、前任者が熱心すぎて後任者がその対応を困っているという職員の苦情もよく耳にするところである。このようなミスマッチはその当事者である市民、自治主体である市民を「お客様扱い」することで、人事を決定してしまうことから派生するものと推測できるのである。政策実行を経済的効率性の価値軸のみで、ただ単に実行するばかりであったならば、市民は完全に「お客様扱い」の制度客体となるのである。公務員であり制度主体である担当者と、自治主体である市民との時間をかけた了解思考の熟議に適した人柄などは余計なものかもしれない。されど、まちづくりのような市民が当事者である課題については、計画・実行・評価・見直しの一連の過程こそが社会性を有するものと考えられ、経済的とともに社会的に(7)も合理性を追求しなければならないものと考えられるのである。つまり、当事者である市民の納得、了解、合意を得られるための時間をかけた熟議と、担当する公務員の本気度が必要となるわけである。しかしながら、この担当する公務員とは本務として担当する者だけをさしているのであろうか。この点については後述するが、公務員のスキルを生かした公務員参加型のまちづくりこそが必要で、人的資源管理の上からもこのような本気度のある公務員を人事評価できる制度が必要ではないかと考えるのである。

もっと具体的に表現すれば、まずは政令指定都市の行政区の区長、そして次にハードおよびソフトのまちづくり関連の幹部職員、最終的には市役所内で職務権限を有している管理職といわれる公務員人材を、市民参加参画の人事評価委員会において「人材仕分け」を行わなくてはならないと考えるのである。これは本務として従事する公務員の適性の問題で、その適性により大きく影響を受ける当事者の市民が人事評価に関与する制度を構築する必要は大いにあると考える。さらに、論議を深めていくと、人事行政への市民関与は与えられた課題を承認するだけの人事評価ばかりでなく、まちづくりへのプラットホームとしての自主的積極的な参加により、公務員人材との交流を通じての制度的な熟成を必要としていると考えるのである。また、公務員人材は単に庁舎内での与えられた職務だけではなく、公務員参加型のまちづくりをこれも自主的に積極的に推進していかなくてはならないと考えられる。つまり、二つ方法において市民の人事行政への関与の可能性を有していると考えられるのである。ひとつ目は本務としての仕事ぶりを市民が評価して「人材仕分け」を行う方法である。そして二つ目は、多治見市役所の目標管理制度にみられるような独自の目標加算として本務外の研究会や市民活動に参加しているかを自己申告さし、これは多治見市では実施していないのであるが、市民の評価を求めることを制度に盛り込むことである。以上のようなことが実施されれば、公務員人材が活性化されることを疑う余地はないのである。

◇注

（1）この平等性と公平性の違いを説明することは難しい。学生には卑近な例で説明している。男子トイレと女子トイレが同じ広さであることを男女平等と考える。ところが、高速道路のサービスエリアにおいて女子トイレがいつも長蛇の列になることは公平とは言えない。それゆえ、女子トイレを男子トイレよりも広くすることで公平性が担保できるのである。

（2）地域活動の主人公は地域住民としての市民であることに異論を挟む者はいない。かつての行政はその市民活動にも経営資源としてのヒト・モノ・カネを供給することが可能であった。現在では支援に徹することで十分ではないかと考える。そこで企業市民としての役割が重要になってくる。実業家の地域社会に対する奉仕団体がさまざまな取り組みを行っているが、これが市民活動団体と対等な協力関係になることを期待するのである。

（3）「ＮＰＯが指定管理者になっていくことは、ＮＰＯの犠牲により地方公共団体の財政負担を軽減させるだけという批判が続いていく可能性もつよい」との指摘である。自治体が自らのできなかったことを廃止すらできなくて、ＮＰＯ等市民団体をわずかの補助金代わり委託料で仕事を与えることがないとは言えない。それゆえに、自治体職員の力量が問われるものと考える［柏木二〇〇七：二〇四］。

（4）もともと社会福祉協議会は社会福祉活動は私的なものであって、「公私分離の原則」から結成された。この考え方は「政教分離の原則」と共通するところがある。ところが、現実には「第二福祉部局」化しており、そのことを受け入れている事実がある。たとえば、公務員の現役出向も公然と行われている。しかしながら、地域福祉推進の主体は民間である。されど、ヒト・モノ・カネを行政に握られていて地域における福祉ニーズを訴えることができるのであろうか。だからといって、社会福祉の理念や価値観の民間性が失われて行政的になってもよいのだろうかと、重要な視点の記述が行われている［塚口・岡部・松澤ほか編二〇一〇：一―二五］。

（5）「看取り」サービス付き「胃ろうアパート」の存在は、日本の福祉行政の貧困を象徴している。病院から追い出される「胃ろう難民」の受け皿が、胃ろう患者を受け入れてくれる先がない家族の弱みに付け込んで金儲けになるのである。この食事を提供しないということが本人の自立のチャンスを奪っている。実際に特別養護老人ホームに移ったならば、経口食事ができるようになったとの報告もある［長岡二〇一五：一五四―八五］。

（6）このことが市民参加と言えるかは疑問であるが、裁判官の任用に関しては下級裁判所裁判官使命諮問委員会が設置されている。中央委員会と八つの地域委員会のメンバーは裁判官、検察官、弁護士、大学教授などで構成されていて、裁判官としての適否を判定している［新藤二〇〇九：一四六―五五］。

（7）経済合理性に対する社会合理性を述べたが、何が社会的であって、何が反社会的であるかの判定は難しい。宇城は討論の中で、公共性と社会的なものは違うと指摘している。たとえば、私的企業は公の利益を阻害し公共性に乏しいと言うならば、公的ではないけれども社会的であることはその社会に対する役割と責任の中で私的であっても果たせるのである。国家的、または行政的であるよりも市民社会的な企業市民であることが重要と考える［市野川・宇城編 二〇一三：三一四］。

終章　人材活性化による市民的行政経営論を目指して

❶ 公助が前提の市民社会へ

行政による従来のガバメントから、行政活動を行う公共団体・その公共団体に関係する公共的団体・NPO等の市民団体・株式会社等の営利団体の対等なネットワークによる地域共生的ガバナンスへの流れの中で、住民は公務サービスの受け手である制度客体から公益性を担うサービスそのものの生産や供給の創造的な自治主体となりつつあり、この当事者主権の考えはますます広がりつつあるといえよう。ガバナンスとはマネジメントの評価も含まれるが、このような上から目線での行政的パターナリズムによるガバメントは古い考えであると指摘したい。それならば、生活のフィールドにおいての日々の自律的なマネジメントが可能であることが、被治者としての住民から自治主体の市民に生まれ変われる要素であると考える。つまり、一人の人間を一元的に見るのでなく、多元的なとらえ方が必要となると考えられるのである。ある人物が行政の担当者でもあり、その担当のNPOの会員でもあり、さらにそのサービスを享受する者でもあるわけで、自治主体である市民がサービスを受ける客体であったり、サービスを提供する公務員や公共性を有する事業従事者が自治主体としての究極的な雇い主であったりするのである。

これらのそれぞれとの関係性は複雑多様化しており、行政との関係ひとつとっても一元的ではないと考えられる。量的なガバナンスより質的なマネジメント、それは人間性による分かち合いの共生社会を目指していると考えられる。それなのに現実は奪い合いの非人間性が跋扈している。

以上のような関係性を意識して、行政は市民とのパートナーシップから市民主導における行政支援へ、さらには市民主体の行政活動へと変化していかなくてはならないと考える。現在のところ計画の段階では市民の関与が高まっていると考えられるが、実行や評価、そして見直しの段階においては市民参加に至ることもなく、行政内部で決定されていることが見受けられる。その意味では、この指定管理者制度は画期的と考えられるし、たとえ行政の丸投げであることを承知の上でも、NPO等市民団体がこの制度を利用しない手はないと考えられる。たとえば、介護保険制度によるサービスのように地域性を無視した全国一律の対応などということは愚の骨頂であると思われるし、保険者である自治体は施策上の横出し・上乗せによって、その矛盾を補うことを制度的、政策的に市民とともに検討しなければならない。事実、そのことは自治体にとって財政上もかなりの負担となっているはずなので、今後は指定管理者制度を利用しての民間への丸投げをせざるを得ない状況に追い込まれるものと考えられる。そのひとつが介護保険制度見直しにおいて設立された地域包括支援センターであったのではなかろうか。さらに、高齢者に対する施設サービスも、その専門性から指定を受ける団体が限られていることもあるが、たとえば公民館のようなところでの地域性を生かした高齢者の文化活動は、むしろ行政よりもNPO等市民団体の得意とするところではないかと考えられる。それが老人ホームもどきのサービスつき高齢者向け住宅などが乱立するような結果となっては、これは失政と言わざるを得ないのである。少なくとも、行政組織による経営が経済合理性に一元化しての優劣評価で、政策実行の優先順位が決定されるようなことは本末転倒と考えられる。また、優先順位でなくて劣後順位によって切り捨てられていく施策にこそ、その実行に自治体の自治の意味があると考えられるのである。「必要な人に必要なサービスを」の原則でありながら、財政的な理由から「不必要な人に不必要なサービスを」にならないとしても、「必要な人に必要性の低いサービスをとりあえず」となっていることが見受けられるのは、本来の自治ではないと考えるのである。つまり、民営化やむなしとしても公助・共助・自助のトータルでのサービスが質および量の低下を招かないように、社会全体としてよいと考えられる方向にインパクトを強くすることが共生地域社会への第一歩であると考えるのである。それが福祉における専門職人材を疲弊さし、退職を考える状態にまで追い込むことは、まさに拙速な民営化による市民に対するテロ行為であると考える。さらに重要なことは、行政が市民を管理するようなことを行政の責任であると勘違いしないように心がけることであると指摘しておきたい。少なくとも、自治体職員が市民と反対の方向、つまり、役所の中枢部である人事や予算の権限を有するところにばかり気を使うようことは、お尻を市民に向けている失礼な行為であることを自覚しなければならない。このようになる原因のひとつは、現場への統制が強められる管理主義的な人的資源管理にあると考える。

さらに、公務員としてのスキルを生かした本務外の公務員参加型の共助の振興である。プロボノ[1]とまではいかないが、それに準じるような本務外の活動を人的資源管理の上で奨励し、評価すべきであると考える。公務員についても一九九七年のナホトカ号重油流出事故以来、ボランティア休暇などでの災害ボランティア活動[2]が人事評価の対象になっているようである。筆者が公務員であったときには、まちづくり振興のために本務外の地域の公共的人材育成活動を行った。また、そのような地域の人材育成のための公務員人材育成活動も微力ながら行っていた。京都市下京区の京町家を借りての社会文化センターの事務局長であり、そこを利用しての京都自由大学運動であった。京都自由大学の講座は一般講座と特別講座に分かれていて、二〇〇九年度は主に特別講座を担当することにより地域力再生のための人材育成に努めた。そして二〇一〇年は特別演習と称して地域の人びとと「まちづくり・ひとづくり」活動を実践した。具体的には、地元の自治会や商店街といった地縁的団体の有志とともに地域力再生を目指した活動を行った。また、視野を広くするために韓国の市民団体や公務員と「まちづくり・ひとづくり」交流も図っていた。これらの成果は徐々に現れてきており、当事者である市民が主体となって地域の力を考え、行政にその支援を求める姿勢を示している。これは行政が事務局機能を有して予算内の企画立案し、当事者である市民に合意を求める方式とは一線を画した取り組みであると考えている。ここでの相違点は、京都自由大学などＮＰＯ法人での取り組みは公務員としては本務外の活動であり、別段人事評価に加算してほしいとは考えてもいなかったことである。一方、まちづくりを職業としている公務員による行政主導の本務として取り組みは、当然、人事評価の対象となっている。公務員によるまちづくりのほうが「ヒト」「モノ」「カネ」「情報」の経営資源を有しているのであるが、自身のボランティア性によるまちづくりの特徴は同じく経営資源と考えられる「文化」を創造しようとする本気度であった。個人が労役と資金を提供している活動を冷静に考えて見ると、このような公務員としてのスキルを磨く「道場」についての人事評価がなされても不思議なことではなく、市民活動による共助を盛り上げる手段となることは間違いのないところと考えられるのである。つまり、職員の知恵という資源の地域還元を人事評価し人的資源活用を図ることは、その行為がたとえ売名行為と言われても、地域の利益となる活動なのである。しかも公務として行うよりも自由度もあって、それを辞めることすら自由なのである。これらの公務員としてのスキルや知識を利用した活動に対しての人材マネジメントを考えることが、公務員の本気度を測定する「人材仕分け」につながるものと確信するのである。自ら組織を築き、協働を仕掛けて、地域の利益になることは、自らの資金を使用することも辞さない取り組みであるが、職業として行うことの「やらされ感」は払拭されるのである。後はこのようなことを自ら学んで実行できるように誘導する後押しのために、人事評価と連動させてもよいのではないかと考える。つまり、公務員が職業として行う公助を、公務員が市民として行える公助にする仕掛けを創るのである。

❷ 市民的行政経営実現のために

ＮＰＭ理論の特徴は①成果主義、②市場主義、③顧客主義、④組織活性化の四点にあるといわれているが、従来の官僚制による官房学としての行政学から、①②の新自由主義経済学と③④の経営管理学の影響を大にしているところにその特徴点がある。つまり、従来の行政学ではあらわれてこなかった経済的効率性を重視するところが、結果として「民間での経営手法の導入」や「民間でもできるものは民間へ」ということになり、経営における管理理論を援用するところに「民間のほうが進んでいる」との結論になるのである。そもそも行政経営は経済的効率性を重視すべきか、さらに民間で検証された管理理論をそのまま使えるのかの検討がなされてないままに、「官から民へ」、さらに「官から無へ」という暴走の兆しが見えるのである。ここで次に記載するような方程式に従って、行政の価値や有効性（効果性）を重視するＮＰＭが可能であるかを総括してみたい。それは言いかえれば、現在進行中の経済的効率性重視、そして民間的手法の無制限の取り入れを目指す行政経営に対峙して、市民主導による活動を行政はその支援活動の徹頭徹尾する市民的行政経営論なるものが可能であるかの論理展開である。特に行政内部のことと考えられていた人的資源管理において、経済的効率性重視のＮＰＭの実体と、そこで当たり前と信じられていることを疑ってみることが、「もうひとつのＮＰＭ」(3)の構築の可能性を示すのであろうと考えたのである。そしてそのことへの論証が、この論文の一貫したテーマである。

政策企画を実行する行政の価値（アウトカム／インプット）
＝実行における経済的効率性（アウトプット／インプット）×政策の有効性（アウトカム／アウトプット）

前記の方程式の簡単な説明を「中高年者対象のパソコン習得事業」(4)の例で試みてみると、実行における経済的効率性とはパソコン台数分の受講者数である。パソコンの台数を少なくして多くの受講者を捌けば高い数値になり、経済的効率性に優れていると考えられるのである。政策の有効性とはそのことがどれだけの効果があったかを示すもので、受講者数分のパソコンを使えるようになった中高年者数である。多くの受講者を集めたが、理解できて操作ができるようになった者が少ないようでは、その効果は小さいものといえる。そしてそれに行政が関与する価値とは、パソコン投入台数分のパソコンを使えるようになった中高年者数で、パソコンを使えることで再就職先が見つかったり、ボランティア活動を始めることのきっかけとなったということで行政的効果があったと言えるのである。つまり、パソコンのリテラシーは手段であって目的でないのである。その目的とは、あくまでも中高年パソコン教室の効果による社会的質的変化にあるのである。それをその事実だけにとらわれての経済的量的変化にとらわれることは、社会問題としての本質的真実を見失うことになる。つまり、本来の目的に対して正しいかを考えてみることが重要なのである。現代では行政に問題を持ち込む市民のニーズが複雑多様化して、従来のように規則だけでは対応できずに、この複雑多様化に対して規則の解釈で対応しなくてはならないことも生じている。また、カネさえ与えておけばよいということでもなく、一年も前から予算や人員を確保しておかなくてはならないのが現在の行政制度である。これで果たしてスピードを増した経済的環境や社会的環境の変化に対応することができるのであろうかとの疑問が生じるのである。いわゆる「不祥事」といわれる裏金や談合の存在は、その個人に属する問題で片付くことではないと考える。「不祥事」であってもそれで問題解決をした個人は思考停止に陥った個人よりもましなのかもしれない。この点についても人的資源管理を戦略的に考えることによって、ある程度許容しつつ防止することができるのではないかとの結論となる。戦略的とは持続的な競争優位を勝ち取るための考え方であるが、経済的環境や社会的環境変化のスピードに合致した人員配置ならびに適材適所の徹底が必要であると考える。人的資源管理の冠に戦略的と名がつくことは、単に勝ち負けを決めることではなく、まずは経済的、社会的変化に対応できるスピードにあると考える。具体的には、年度途中でも人事異動ができる制度で、適した人材を適した人数配置できる体制が戦術ではなく戦略的と考えられる。つまり、激戦地に戦力の一斉投入ができることが基本で、そのことにより効果性も高まると考えられる。行政と住民の多元化した関係性における複雑多様化した公務による公共サービスを、無理に規則に当てはめて一元化する公務としての行政サービスにて解決しようとすることは、現実的な対応であるとは思えないのである。ここに従来の官僚主義における「お役所仕事」の限界があるのである。この官僚主義では規則に従って仕事をしているだけで、公務員自身の保身にもなるということなのであるから、いわゆる「寝ている者はそれ以上転ばない」という安全策において挑戦はしないという結果になるわけである。また、評価軸を容易に計測できる経済的効率性重視で推し量る従前のＮＰＭ理論でも、この官僚主義における安定は計測不可能である。公務員を数値管理によって無理やり働かせようとすることは、結局は無駄な「北風政策」になると考えられる。ここで必要なことは関係性を重視した市民主導・行政支援の行政経営理論であり、当事者である住民との対話によって、緊張関係や対立している関係性を明らかにすることが、市民的ＮＰＭよる行政経営理論であると考えるのである。もっと平易に言えば、市民とともに考え、その現実に適合するように規則をすばやく変更し、ともに失敗するかもしれないが果敢に挑戦する人材を育成することが、実行する政策の有効性を増すことになると確信する。その挑戦する個性的な公務員の人事評価は加点主義であることはいまさら確認することもないことである。また、その評価軸もその公務員としての人間性といった人権基準まで踏み込むことになると考える。

ここで問題提起した仮説は、①公務労働は安易な民営化や民間委託化よりも公務員が担当するほうが社会的にプラスとなる。②公務としての公共サービスは公務員による公助が原則であるが、それが困難である場合に限って、住民主導・行政支援でのＮＰＯや地縁的団体による互助が必要になってくる。③これだけ関係性を分断した結果、地域コミュニティの再建は困難と思えるので、テーマ別のアソシエーションの複合によって共生地域社会を構築しなければならない、の三点であった。

ひとつ目の仮説については、公務員が既得権益保護のために自己の組織を守るという自己保身を目的にしない限りは、公務員の倫理に期待するばかりでなく、「市民による規制」によっても公共性の担保が可能と考えられる。したがって、本来公務労働でよいものを経済的効率性重視の安易な考えで拙速な民営化や民間委託化は、結果として住民のためにならないと断定できる。なぜ断定できるかというと、民営化や民間委託化によって住民へのサービスが増したと考えられても、それは公務労働を肩代わりした民間労働者の自己犠牲によって達成されている場合が多く、そのことが新たな格差という社会問題を創出するからなのである。つまり、民間労働者の労働環境が公務員の労働環境より劣ると言うならば、本来は公務員並みに改善しなければならないのであって、公務員と民間労働者が対立するような関係は共闘するような関係に改めなくてはならないのである。それを過労死も厭わない民間企業へ丸投げする行政のスタンスはテロリズムに等しいと考える。

二つ目の仮説については、これは安易な民営化や民間委託と相違して、住民の行政への直接的参加参画と考えられる。なぜ直接的な参加参画となるかというと、これらの互助活動においては住民が企画の段階から関与し、その結果対する責任も取らなくてはならないからである。これらの住民参加による計画、実行、評価、見直しが、人事行政と称される行政内部のことまで及んだときこそ、住民が自治主体たる当事者として参加参画できる対話型了解志向の市民的民主主義の醸成であり、これこそが市民的行政経営であると考えるものである。統治者に対する被治者としての住民が市民となるとき、民営化は民間企業経営化から市民事業経営化と姿を変えるのである。つまり、行政と住民がお互いに醸成された市民社会の実現を目指すことが、遠回りのようであっても王道と考えられ、二一世紀型の自治と言えるわけである。いわば覇道とも思える経済的効率性重視の上意下達式成果志向の行政経営を見直すところから、制度客体の住民は自治主体の市民に生まれ変わるものと考えられる。

最後に三番目の仮説であるが、人と人との関係性が裁断機にかけられるごとく分断されつつあると感じる。生まれ育った地縁的なコミュニティにとどまって親子三代という家族は少数派であるといえる。単身者から親子二人程度の核家族化においては、地縁という言葉自体が意味をなさないのかもしれない。そこでもNPO等市民団体が地縁的自治組織と協力してまちづくりを行っている。さらに論を進めると、地縁的自治会自体が加入脱退自由のアソシエーション化している。(5)ここで無理に拘束力の強いコミュニティ化する必然性はないように思える。コミュニティビジネスと称する地域課題の解決のためのビジネスモデルにおいても、その利用者を地域住民に限定する必要もないと考えられる。地域経済や地域経営として経営資源の地域循環を前提にするならば、韓国におけるマウル企業やマウル共同体(6)が参考になるが、これさえもアソシエーションのコミュニティ化かもしれない。日本におけるユイ・モヤイ・テツダイ(7)の考えを取り入れたまちづくりといえるかもしれない。これらの現代版であるNPO等市民団体によって共生地域社会を構築することは可能と考えられるが、それを支援できる公務員の存在が決め手と言っても極言ではない。

以上のようなことによって仮説がすべて論証されたとは考えていない。まだ「仮設の仮説」の段階であろうと考える。これからの研究によって、解明を進めていかなくてはならないと考えるものであるが、まずは行政内部の人材を地域公共人材と考えての「人材仕分け」とともに、全体的な底上げが重要と考える。具体的には、一般職員にはその事業の継続性を考慮しての良好なコミュニケーションの徹底であり、管理職には日常業務の管理運営よりも人材育成の職務が重要であると徹底すべきであると考える。そこにおいては、当然として市民が主体であるための人事情報の開示が、個人情報の壁を乗り越えて行政の責任と考えられるのである。介護保険制度によって地域福祉を民営化したまではよかったが、行政の個人情報として地域包括支援センターとの情報共有を拒むことは、福祉専門職の疲弊を招く原因となっている。

　以上のような回りくどいところにおいての結論となったが、まだまだ研究途上と考えている。これらの結論のベースとなった論文は三宅［二〇〇五：二〇〇七：二〇〇八：二〇一二］である。是非とも一読していただけることとご意見を賜ることを期待している。

◇注

（1）公共善のために自らの職業を通じて培ったスキルや知識を提供するボランティア活動で、最近注目されている語句である。たとえば、弁護士が社会的弱者のためにボランティア的に法律相談をすることなどである。弁護士が買い物弱者のために買い物支援するような一般的なボランティア活動よりも内容の深いものになるはずである。つまり、一般的なボランティアとビジネスの中間にあり、ボランティアと言う限りは「自発性」や「無償性」が問われることとなる。最近では有償ボランティアなる言葉も使用されているが、きっかけとしては外発的なものがあっても、やはり内発的な自発性によるボランティア活動は、たとえ職業的なスキルや知識の動員であっても、無償であることが原則と考えられる［嵯峨二〇一一：二四―三二］。
（2）従来、災害ボランティアはその効率や秩序を考える「秩序化のドライブ」が強かった。今回の東日本大震災においてはあまりにも強制的な秩序が優先されており、「遊動化のドライブ」も想定した本来のボランティア活動も必要だったのではないかと指摘している［渥美二〇一四：一四七］。
（3）「もうひとつのNPM」とはNew Public Managementに対するNon Profit Managementである。第一章でも述べたが、行政経営とは非営利経営の徹底であり、営利経営との共通点は存在するが、相違点も存在するものと考えられる。この問題意識を有して解決を考えていくのが、本書の主要テーマである。
（4）小学校や中学校に配置されているパソコンを使用しての地域住民へのパソコン教室の話題を聞くことが多くある。また、同様に大学がエクステンションとしての事業をしている例も数多くある。
（5）町内会（現在では自治会と称する場合が多い）は任意加盟である。住民の親睦と地域課題を解決する目的で結成されているが、会費なしで加入申請不要、義務なしの完全ボランティアのアソシエーション化でも十分機能する［紙屋二〇一四：一七〇―

七八]。

(6)韓国のマウル企業とは地域コミュニティ企業のことで、地域問題の解決のために地域住民が主導して地域共同体を活性化する事業を行う企業である。マウル共同体とはソウル市において政策的に行われている共同体づくりで、地域のまちづくりを社会的経済および環境保全を前提に進められている。多様な互恵的関係により構成され、住民の創意性を引き出せる公務員を育成している[羅 二〇一五:三四—三五:一三七—四三]。

(7)ユイは双方向双務の互酬的行為、モヤイは双方向集務の再分配行為、テツダイは一方向片務の片助行為とされるが、その中に自発的な支援行為である奉仕と強制的な援助行為である奉公がある[恩田 二〇〇六:七—九]。

あとがき

血気盛んな頃、経営学の学徒として大阪市立大学商学部の伊藤淳巳先生に師事した。私が受け売りの知識を捲し立てると、先生はにこやかな顔で「何が言いたいのか自分の言葉で話しなさい」とおっしゃられた。「おじいちゃんやおばあちゃんでも分かる言葉になってこそ、自分のものになったということです」ともおっしゃられた。さらに、「難しいことを難しく話すことは易しいが、難しいことを易しく話せることは難しい」とダメ押しされた。先生の一七回忌となった今でも、先生の教えを実践することができない自分を恥ずかしく思う。いくら知識や経験が豊富であっても、現実と乖離したような理屈では誰も支持してくれないという薫陶を得た。

縁あって京都経済短期大学においてゼミを持つことになった。当時の伊藤先生と私以上に歳の離れた学生はまったくの「宇宙人」である。しかしながら、上から目線で教示しているときに、この「宇宙人」からも何かを学んでいることに気がついた。彼ら彼女らの若くて柔軟な頭脳における表現力は私よりも豊かであるはずなのだが、マネジメントの話となるとその力が減退し、文章表現能力となると散々なものである。しかし、それは私がゼミ生を集団として見ているからと気がついた。それからはゼミ生が個別的に自己主張できる土俵作りを心がけている。徐々に個性的な自己主張がなされるようになってきた。このようなことを、もう数十年前にすでに伊藤先生は考えておられて指導をなさっていたのかと、改めて感謝の念に浸った。

一八歳から投票権が与えられる。「半大人」から批判力を身につけた「社会的大人」に育ってもらうお手伝いに粉骨砕身努めることこそが、人的資源管理の要諦であると感じた次第であるが、ドラッカーの以下のような言葉が頭に残っている。「企業は社会的組織である。共通の目的に向けた一人ひとりの人間の活動を組織化するための道具である。しかしその共通の目的とするところは、企業に関わる一人ひとりの目的の総和ではない。共通の目的であっても共同の目的ではない」(上田惇生訳『企業とは何か』)。これを読み返して、自らの設定した共同目的に強制的に一律に力を発揮せよとゼミ生に発破をかけるのは、もしかしたら、自分が権力者になって全体主義化をしているのではないかと疑うようになった。そうではなくて、各自の得意とする能力に応じた力を発揮できるように方向性を示すのが教員のゼミにおける位置と役割ではないかと考えるようになった。つまり、共同目的でなく共通の目的の方向付けをゼミ生との対話の中で探っていこうと考えている。

ここまで述べてきて白状しなければならないことがある。ここまでの文章に終始一貫している市民概念の自治主体であって制度客体である発想は森啓先生から学んだ。先生と話すこともあったが、私の感銘を受けた本である『新自治体学入門』は是非とも読まれることをお薦めする。もう一冊感銘を受けた本がある。太田肇先生の『公務員革命』である。この本の中に、公務員の動機づけに関する研究が「空白地帯」であったとの記述がある。法律論や制度論中心の行政学研究者と、経営組織論などで民間企業経営を対象にしている経営学研究者との学術的棲み分けのために生じた現象であるが、神戸大学で開催された日本労務学会において報告発表した際に、司会を勤められた先生に激励を受けたことが忘れられない出来事であった。さらに、公共経営研究会において、行政が主役であるところに脇役としてのNPO等市民団体が主人公になるならば、公助としての行政活動の後退を招く恐れがあるとの田尾雅夫先生の指摘は、安上がりの強権的な行政に向かおうとしている現代であればこそ肝に銘じておかなくてはならない言葉と感じた。

この本を書いているときに山浦晴男氏のちくま新書『地域再生入門』が発刊された。地方消滅に対する地域再生を述べている。経済の高度成長期に出現したニュータウンがすでに住民の手では持続できなくて廃墟化が危ぶまれていることや、地域経営は企業経営と相違して利潤追求が第一義でなく地域社会におけるさまざまな問題や悩みを課題として解決すること、さらに地域の暮らしをいかに産業化して地域循環における自立を図るローカル化について指摘されている。地域経営の経営資源が「ヒト・モノ・カネ・情報・組織文化」だとすれば、その中のヒトと文化が重要ではないかと感じた。つまり、一度限りの補助金ではなくて継続的な補助「人」が必要なのである。また、人と人とのつながりであるコミュニティが破壊されて、その再構築が困難である現代ではＮＰＯ等の市民団体であるアソシエーションこそが希望の星ではないかとの感を強めた。本来コミュニティの核となる学校や商店街もアソシエーション化している現代であればこそ言えることではないだろうか。

まずは、お忙しいところをご協力いただいた神奈川県横須賀市役所、岐阜県多治見市役所、大阪府岸和田市役所の担当者の皆様、さらに京都市内の地域包括支援センターの専門職の皆様に激励とともに御礼申し上げたい。

私の研究の指導教員の西川清之先生には言うことを聞かなかった愚弟であったことをいまさらながら反省している。長い目でのご指導を頂き、感謝の気持ちとして本書を書いた。また、京阪深草駅前の喫茶「みどり」での毎週火曜日に開催していた学生の自主ゼミでは、松谷徳八先生から「早く書け」と数年来にわたる発破をかけていただいたにもかかわらず、現在になってしまったことをお詫びするとともに御礼申し上げたい。さらに、自治体研究の大先輩である高寄昇三先生におかれては、人の迷惑も省みずに西宮のご自宅まで押しかけて教えを乞うたことをお詫びとともに深謝申し上げたい。片岡信之先生には日本的経営に関する貴重な文献リストやご助言をいただいた。大阪市立大学の同窓会研究会においては、高橋敏朗先生、亀田速穂先生、下崎千代子先生に教えを賜った。龍谷大学での研究プロジェクトにおいては、重本直利先生、細川孝先生、竹内貞雄先生、藤原隆信先生をはじめ多くの先生にご迷惑をおかけした。特に、浅学非才な私の話に耳を傾けていただいた篠原三郎先生には、体調まで気にかけていただき感謝の気持ちを語り尽くすことができない。

京都経済短期大学においては、岩田年浩学長の居酒屋での経済学講義の話が印象的だった。およそ場違いなところで、自らの話を聞いてもらえるように話せるかとの質問を受けたが、学生に対する教室での講義は少なくとも話を聞きに来ているわけで、教員の意識が変わらなければ学校も変わらないとの言葉を肝に銘じている。また、佐藤健司先生、加藤康先生、増田和夫先生、安木新一郎先生、高橋和志先生とは親しくお話ができて、大変勉強になったことを恐縮している。

さらに、京都市役所における元同僚である白須正、三田新、奥野耕史の三氏には、職員の自主研究会である「エコノミスト'81」の研究会や視察旅行を退職後までお誘いを受けて参加同行させていただいた。この経験がどれだけ貴重であったと今更ながら感じている。聞くところによれば、このような自治体職員自主研究会は下火になっているとのこと。その中でも京都市役所で「Sカフェ」として続けられておられるメンバーの皆様に対して熱いエールを送りたいと思う。

まだまだお名前は挙げてはいないが、諸先生方からご指導ご鞭撻を受けたことを紙面をお借りして厚く御礼申し上げる。

最近の関心事は福祉分野における人的資源管理である。安倍政権の「一億総活躍社会」が、掛け声だけにならないことを祈っている。

最後に、市場性において問題が無いとは限らない私ごときの著の出版を快諾していただけた晃洋書房丸井清泰氏の編集についての助言に対して、厚く御礼申し上げる次第である。

自治体経営の人的資源管理
——福祉専門職における拙速な民営化への警鐘——

2016年3月30日　初版第1刷発行

＊定価はカバーに
表示してあります

著者の了
解により
検印省略

著　者　三　宅　正　伸©
発行者　川　東　義　武
印刷者　出　口　隆　弘

発行所　株式会社　晃　洋　書　房

〠615-0026　京都市右京区西院北矢掛町7番地
電話　075（312）0788番㈹
振替口座　01040-6-32280

ISBN978-4-7710-2738-1　印刷・製本　㈱エクシート

《著者紹介》

三 宅 正 伸（みやけ　まさのぶ）

1950年　京都市生まれ

専　門　人的資源管理論，公共経営論，共生地域社会「まちづくり」論

現　在　京都経済短期大学非常勤講師，佛教大学非常勤講師，流通科学大学非常勤講師

趣　味　熱烈なタイガースファンで，今年の金本監督のマネジメントに期待.

経　歴　大阪市立大学商学部卒業，同志社大学商学部卒業，龍谷大学大学院経営学研究科博士前期課程修了，大阪商業大学大学院地域政策学研究科博士後期課程単位取得退学.
元京都市職員（税務・労務・農政・経営指導・保険福祉などに勤務）

社会活動　龍谷大学社会科学研究所客員研究員，龍谷大学大学院経営学研究科京都産業学センター客員研究員，京都市市政研究会エコノミスト'81幹事，ＮＰＯ法人京都社会文化センター理事，ＮＰＯ法人洛西福祉ネットワーク理事，ＮＰＯ法人洛西文化ネットワーク理事，ＮＰＯ法人京都もやいなおしの会理事，社会文化学会（事務局長），保護司

主な著書・論文

《著書》

『関係性と経営』（共著），晃洋書房，2005年.

『共生地域社会と公共経営』（共著），晃洋書房，2010年.

『社会経営学研究』（共著），晃洋書房，2011年.

『新書から学ぶ公務員の教養力』（単著），晃洋書房，2013年.

『ディーセント・マネジメント研究』（共著），晃洋書房，2015年.

《論文》（2013年以降）

「松下幸之助のマネジメント」『社会経営学研究』第11号，2013年.

「島津製作所の人事労務」『龍谷大学京都産業学研究シリーズ　島津製作所』第1巻，2013年，晃洋書房.

「「津波てんでんこ」のマネジメント的解題」京都経済短期大学論集第21号第2号，2014年.

「島津製作所」『龍谷大学京都産業学研究シリーズ　京都企業の人事労務の論理と実際』テーマ別研究第1巻，2014年，晃洋書房.

「渋沢栄一から松下幸之助へのマネジメント」『社会経営学研究』第12号，2014年.

「企業の共生思想」『市民の科学』第7号，2014年，晃洋書房.

「地域人材を育てる教育」京都経済短期大学論集第22号第3号，2015年.

「学生とともに学ぶ公共経営」京都経済短期大学論集第23号第2号，2015年.

連絡先

メール　mmiyake612@s7.dion.ne.jp

索　　引

参考文献

秋葉武・川瀬俊治・菊地謙・桔川純子・広石拓司・文京洙［2012］『危機時代の市民活動』東方出版.
秋山智久［2007］『社会福祉専門職の研究』ミネルヴァ書房.
渥美公秀［2014］『災害ボランティア』弘文堂.
伊丹敬之［1987］『人本主義企業』筑摩書房.
飯田哲也・浜岡政好［2009］『公共性と市民』学文社.
石田光男・樋口純平［2009］『人事制度の日米比較』ミネルヴァ書房.
出雲明子［2014］『公務員制度改革と政治主導』東海大学出版部.
伊丹敬之・田中一弘・加藤俊彦・中野誠編［2007］『松下電器の経営革命』有斐閣.
市野川容孝・宇城輝人編［2013］『社会的なもののために』ナカニシヤ出版.
伊藤周平［2008］『介護保険法と権利保障』法律文化社.
稲継裕昭［1996］『日本の官僚人事システム』東洋経済新報社.
―――［2006］『自治体の人事システム改革』ぎょうせい.
今井照［2006］『自治体のアウトソーシング』学陽書房.
今村仁司［1998］『近代の労働観』岩波書店.
岩井克人［2003］『会社はこれからどうなるか』平凡社.
岩田龍子［1977］『日本的経営の編成原理』文眞堂.
上野千鶴子［2011］『ケアの社会学』大田出版.
後房雄［2009］『NPO は公共サービスを担えるか』法律文化社.
碓井敏正［2008］『格差とイデオロギー』大月書店.
埋橋孝文［2010］『新しい福祉サービスの展開と人材育成』法律文化社.
内橋克人［2009］『共生社会が始まる』朝日新聞出版.
宇山勝儀・船水浩行編［2010］『社会福祉行政論』ミネルヴァ書房.
大久保史郎編［2012］『いまなぜ公務員の市民的・政治的自由か』学習の友社.
大久保幸夫［2000］『能力を楽しむ社会』日本経済新聞社.
大住莊四郎［1999］『ニュー・パブリック・マネジメント』日本評論社.
―――［2003］『NPM による行政革命』日本評論社.
大住莊四郎［2010］『行政マネジメント』ミネルヴァ書房.
大住莊四郎・上山信一・玉村雅敏・永田潤子［2003］『日本型 NPM』ぎょうせい.
太田肇［1997］『仕事人の時代』新潮社.

太田肇［2007］『承認欲求』東洋経済新報社.
――――［2010］『「見せかけの勤勉」の正体』ＰＨＰ研究所.
――――［2011］『公務員革命』筑摩書房.
大野正和［2005］『まなざしに管理される職場』青弓社.
大森彌［1994］『自治体職員論』良書普及会.
岡田知宏［2009］『地域再生』新日本出版社.
小笠原浩一・武川正吾編［2002］『福祉国家の変貌』東信堂.
奥林康司・平野光俊編［2004］『フラット型組織の人事制度』中央経済社.
小倉一哉［2007］『エンドレス・ワーカー』日本経済新聞出版会.
恩田守雄［2006］『互助社会論』世界思想社.
外国公務員制度研究会［1997］『欧米国家公務員制度の概要』生産性労働情報センター.
笠原英彦［2010］『日本行政史』慶應義塾大学出版会.
柏木宏［2007］『指定管理者制度とＮＰＯ』明石書店.
片山善博［2007］『市民社会と地方自治』慶応義塾大学出版会.
金井利之［2010］『実践自治体行政論』第一法規.
金石岩男・横須賀市都市政策研究所編之［2003］『自治体の政策形成とその実践』ぎょうせい.
紙屋高雪［2014］『町内会は義務ですか？』小学館.
川井摂［2005］『戦後日本の公務員制度史』岩波書店.
河西宏祐［2001］『電産型賃金の世界』早稲田大学出版会.
官製ワーキングプア研究会［2010］『なくそう！官製ワーキングプア』日本評論社.
上林陽治［2012］『非正規公務員』日本評論社.
喜多見富太郎［2010］『地方自治護送船団』慈学社出版.
木村晋介監修［2008］『激論！「裁判員」制度』朝日新聞社.
楠木新［2014］『働かないオジサンの給料はなぜ高いのか』新潮社.
熊沢誠［1997］『能力主義と企業社会』岩波書店.
黒田兼一・小越洋之助編［2014］『公務員改革と自治体職員』自治体研究社.
玄田有史［2001］『仕事の中の曖昧な不安』中央公論新社.
小池和男［1999］『仕事の経済学第二版』東洋経済新報社.
小堀喜康［2005］「人材育成型人事考課制度の設計」『都市政策』120.
――――［2007］『元気な自治体をつくる逆転発想の人事評価』ぎょうせい.
――――［2015］『自治体の人事評価がよくわかる本』公人の友社.
坂本治也［2010］『ソーシャルキャピタルと活動する市民』有斐閣.
坂本勝［2006］『公務員制度の研究』法律文化社.
嵯峨生馬［2011］『プロボノ』勁草書房.

佐々木寿美［2010］『キャリア公務員論』芦書房.
佐藤滋編［2011］『まちづくり市民事業』学芸出版.
佐藤卓己［2008］『輿論と世論』新潮社.
佐藤慶幸［2002］『ＮＰＯと市民社会』有斐閣.
佐野陽子［2007］『はじめての人的資源マネジメント』有斐閣.
重本直利・藤原隆信編［2010］『共生地域社会と公共経営』晃洋書房.
重本直利［2009］『大学経営学序説』晃洋書房.
柴田昌治［1998］『なぜ会社は変われないか』日本経済新聞社.
篠原一［2004］『市民の政治学』岩波書店.
島田恒［2003］『非営利組織研究』文眞堂.
城繁幸［2004］『内側から見た富士通』光文社.
――――［2006］『若者はなぜ３年で辞めるのか』光文社.
――――［2008］『３年で辞めた若者はどこに行ったのか』筑摩書房.
人事院［2005］『人事院月報 No.673 人事院勧告特集号』人事院.
新藤宗幸［2009］『司法官僚』岩波書店.
新・日本的経営システム等研究プロジェク［1995］『新時代の「日本的経営」』日経連.
神野直彦・金子勝編［1999］『福祉政府への提言』岩波書店.
神野直彦［2010］『「分かち合い」の経済学』岩波書店.
――――――［2015］『「人間国家」への改革』NHK 出版.
菅原和行［2010］『アメリカ都市政治と官僚制』慶應義塾大学出版会.
田尾雅夫［1990］『行政サービスの組織と管理』木鐸社.
――――――［2007a］『セルフヘルプ社会』有斐閣.
――――――［2007b］『自治体の人材マネジメント』学陽書房.
――――――［2010］『公共経営論』木鐸社.
――――――［2011］『市民参加の行政学』法律文化社.
――――――［2015］『公共マネジメント』有斐閣.
田尾雅夫編［1997］『「会社人間」の研究』京都大学学術出版会.
高橋伸夫［2004］『虚妄の成果主義』日経 BP 社.
高橋伸影［2005］『少子高齢化の死角』ミネルヴァ書房.
高寄昇三［1992］『宮崎神戸市政の研究（第１～４巻）』勁草書房.
――――――［2003］『自治体人件費の解剖』公人の友社.
竹内洋［1995］『日本のメリトクラシー』東京大学出版会.
武川正吾［1992］『福祉国家と市民社会』法律文化社.
――――――［1999］『福祉社会と社会政策』法律文化社.
多治見市［2005］『多治見から変える』公人の友社.

橘木俊詔［2005］『企業福祉の終焉』中央公論新社.
田中健太郎［2014］『市民を雇わない国家』東京大学出版会.
田村明［2000］『自治体学入門』岩波書店.
――――［2005］『まちづくりと景観』岩波書店.
――――［2006］『田村明の闘い　横浜市民の政府をめざして』学芸出版社.
塚口伍喜夫・岡部和夫・松澤賢治・明路咲子・川﨑順子編集［2010］『社協再生』中央法規.
辻清明［1961］『公務員制の研究』東京大学出版会.
――――［1969年］『新版日本官僚制の研究』東京大学出版会.
津田眞澂［1977］『日本的経営の論理』中央経済社.
長岡美代［2015］『介護ビジネスの罠』講談社.
中川幾郎・松本茂章編［2007］『指定管理者制度は今どうなっているか』水曜社.
長坂寿久［2000］『オランダモデル』日本経済新聞社.
中根千枝［1967］『タテ社会の人間関係』講談社.
中野雅至［2013］『公務員バッシングの研究』明石書店.
中野麻美［2006］『労働ダンピング』岩波書店.
中村圭介［2004］『変わるのはいま』ぎょうせい.
――――――［2007］『実践！自治体の人事評価』ぎょうせい.
西尾勝・村松岐夫編［1994］『講座行政学（第１～６巻）』有斐閣.
西川清之［2010］『人的資源管理論の基礎』学文社.
――――――［2015］『人口減少社会の雇用』文眞堂.
西谷敏・晴山一穂編［2002］『公務員制度改革』大月書店.
西谷敏・晴山一穂・行方久生［2004］『公務の員民間化と公務労働』大月書店.
西寺雅也［2004］『多治見市の総合計画に基づく政策実行』公人の友社.
西村美香［1999］『日本の公務員給与政策』東京大学出版会.
二宮厚美［2009］『新自由主義の破局と決着』新日本出版社
二宮厚美・田中章史［2011］『福祉国家型地方自治と公務労働』大月書店.
丹羽宇一郎［2015］『危機を突破する力』角川書店.
野村正實［2007］『日本的雇用慣行』ミネルヴァ書房.
間宏［1998］『長期安定雇用』文眞堂.
橋本健二［2009］『「格差」の戦後史』河出書房新社.
橋本行史編［2010］『現代地方自治論』ミネルヴァ書房.
初谷勇［2001］『NPO政策の理論と展開』大阪大学出版.
塙和也［2013］『自民党と公務員制度改革』白水社.
早川征一郎［1994］『国・地方自治体の非常勤職員』自治体研究社.
林奈生子［2013］『自治体職員の「専門性」の概念』公人の友社.

原口一博［2010］『民主党が日本を変える！地域主権改革宣言』ぎょうせい.
原田順子・奥林康司［2010］『官民の人事資源論』放送大学教育振興会.
晴山一穂［2010］『政治主導を問い直す』自治体研究社.
広井良典［2001］『定常化社会』岩波書店.
――――［2009］『コミュニティを問いなおす』筑摩書房.
福田和也［2007］『滴みちる刻きたれば　第1～4部』PHP研究所.
福田耕治・真渕勝・縣公一郎編［2002］『行政の新展開』法律文化社.
古川美穂［2015］『東北ショック・ドクトリン』岩波書店.
古川元晴・船山泰範［2015］『福島原発，裁かれないでいいか』朝日新聞出版.
堀田力［1994］『おごるな上司！』日本経済新聞社.
本田由紀［2014］『もじれる社会』筑摩書房.
増田寛也編［2014］『地方消滅』中央公論社.
松下幸之助［1978］『実践経営哲学』PHP研究所.
―――――［1989］『私の履歴書　夢を育てる』日本経済新聞社.
松下幸之助・堺屋太一［2007］『松下幸之助経営回想録』プレジデント社.
松下圭一［1971］『シビルミニマムの思想』東京大学出版会.
松野弘［2004］『地域社会形成の思想と論理』ミネルヴァ書店.
真淵勝［2010］『官僚』東京大学出版会.
三宅一郎・村松岐夫編［1981］『京都市政治の動態』有斐閣.
三宅正伸［2005］「公務員制度改革と日本的雇用慣行」『龍谷ビジネスレビュー』6.
――――［2007］「先進自治体の人材マネジメント」『龍谷ビジネスレビュー』8.
――――［2008］「公務民営化と人材育成」『龍谷ビジネスレビュー』9.
――――［2012］「公共性と経済性のはざまでの公共経営」『龍谷ビジネスレビュー』13.
――――［2013］『「新書」から学ぶ公務員の教養力』晃洋書房.
武藤博巳編［2007］『自治体職員の設計』公人社.
村松岐夫編［2008］『公務改革の突破口』東洋経済新報社.
―――――［2012］『最新公務員制度改革』学陽書房.
森啓［2003］『自治体の政策形成』時事通信社.
――［2008］『新自治体学入門』時事通信社.
――［2009］『文化の見えるまち』公人の友社.
森岡孝二［2005］『働きすぎの時代』岩波書店.
八代尚宏［1997］『日本的雇用慣行の経済学』日本経済新聞社.
矢作弘［2009］『「都市縮小」の時代』角川書店.
山崎亮［2012］『コミュニティデザインの時代』中央公論社.

山口二郎編［2009］『ポスト新自由主義』七つ森書館.
山本哲士・加藤鉱［2006］『トヨタ・レクサス惨敗』ビジネス社.
湯浅誠［2008］『反貧困』岩波書店.
結城康博［2010］『福祉という名の「お役所仕事」』書籍工房早山.
吉原直樹［2011］『コミュニティ・スタディーズ』作品社.
吉村裕之［2006］『三重県の行政システムはどう変化したか』和泉書店.
羅一慶［2015］『ソーシャルビジネスの政策と実践』法律文化社.
リムボン編［2009］『まちづくりコーディネーター』学芸出版社.
若林亜紀［2010］『実録事業仕分け』ダイナミックセラーズ出版.
OECD 編［2009］『公務員制度改革の国際比較』明石書店.

〈欧文献〉

Esping-Andersen, G.［1990］*The Three Worlds of Welfare Capitalism,* Cambridge［Cambridgeshire］: Polity Press（岡澤憲芙・宮本太郎監訳『福祉資本主義の三つの世界』ミネルヴァ書房，2001 年）.
Barnard, C. I.［1938］*The Functions of The Executive*, Cambridge, Mass.：Harvard University Press（山本安次郎･田杉競･飯野春樹訳『経営者の役割』ダイヤモンド社，1956 年）.
Burnham,J. and R. Pyper［2008］*Britain's Modernised Civil Service*, Basingstoke：Palgrave Macmillan（稲継裕昭監訳・浅尾久美子訳『イギリスの行政改革』ミネルヴァ書房，2010 年）.
Drucker, P. F.［1946］*Concept of the Corporation*, New York：John Day Co.（上田惇生訳『企業とは何か』ダイヤモンド社，2008 年）.
――――［1969］*The Age of Discontinuity*, New York：Harper & Row（林雄二郎訳『断絶の時代』ダイヤモンド社，1969 年）.
Drucker, P. F.［1979］*Adventures of a Bystander*, New York：Harper & Row（風間禎三郎訳『傍観者の時代』ダイヤモンド社，1979 年）.
Fukuyama, F.［1995］*Trust*, New York：Free Press（加藤寛訳『「信」なくば立たず』三笠書房，1996 年）.
Hood, C.［1986］*Administrative Analysis*, Brighton, Sussex：Wheatsheaf Books（森田朗訳『行政活動の理論』岩波書店，2000 年）.
Jherring, R.［1872］*Der Kampf ums Recht*, Wien：G. J. Manz（村上淳一訳『権利のための闘争』岩波書店，1982 年）.
Kotter, J. P.［1997］*Matsushita Leadership*, New York：Free Press（高橋啓訳『限りなき人間の成長　人間松下幸之助の研究』飛鳥新社，1998 年）.

Lipsky, M. ［1980］ *Street-level bureaucracy*, New York：Russell Sage Foundation（田尾雅夫訳『行政サービスのジレンマ』木鐸社，1986 年）.

MacIver,R.M. ［1917］ *Community*, London：Macmillan（中久郎・松本通晴監訳『コミュニティ』ミネルヴァ書房，1975 年）.

Merton, R. K. ［1957］ *Social Theory and Social Structure*, Glencoe, Ill.；New York：Free Press（森東吾・森好夫・金沢実・中島竜太郎訳『社会理論と社会構造』みすず書房，1961 年）.

Mitzman, A. ［1971］ *The Iron Cage, An Historical Interpretation of Max Weber*, New York：Grosset & Dunlap（安藤栄治訳『鉄の檻』創文社，1975 年）.

Morris-Suzuki,T. ［1989］ *A History of Japanese Economic Thought*, London；New York：Routledge（藤井隆至訳『日本の経済思想』岩波書店，2010 年）.

O'Reilly, C. A. and J. Pfeffer ［2000］ *Hidden Value*, Boston, Mass.：Harvard Business School Press（長谷川喜一郎訳『隠れた人材価値』翔泳社，2002 年）.

Robson, W. A. ［1976］ *Welfare State and Welfare Society*, London：Allen and Unwin（辻清明・星野信也訳『福祉国家と福祉社会』東京大学出版会，1980 年）.

Senge, P. M. ［1990（2006）］ *The Fifth Discipline*, New York：Doubleday/Currency（枝廣淳子・小川理一郎・中小路佳代子訳『学習する組織』英治出版，2011 年）.

Simon, H. A. ［1945］ *Administrative Behavior*, New York：Macmillan（松田武彦・高柳暁・二村敏子訳『経営行動』ダイヤモンド社，1965 年）.

Simon, H. A. and C. E.Ridley ［1938］ *Measuring Municipal Activities*, Ann Arbor, Mich.：University Microfilms International（本田弘訳『行政評価の基準』北樹出版，1999 年）.

Simon, H. A., Smithburg, D. W. and V. A. Thompson ［1950］ *Public administration*, New York：Alfred A. Knopf（岡本康雄・河合忠彦・増田孝治訳『組織と管理の基礎理論』ダイヤモンド社，1977 年）.

Spencer, L. M. and S. M. Spencer ［1993］ *Competence at Work：Models for Superior Performance*, New York：Wiley（梅津祐良・成田攻・横山哲夫訳『コンピテンシー・マネジメントの展開』生産性出版，2011 年）.

Tönnies, F. ［1887］ *Gemeinschaft und Gesellschaft*, Leipzig：Fues's Verlag（杉之原寿一訳『ゲマインシャフトとゲゼルシャフト 上・下』岩波書店，1957 年）.

Wallerstein, I. ［2003］ *The Decline of American Power*, New York：New Press（山下範久訳『脱商品化の時代』藤原書店，2004 年）.

参 考 資 料

地域包括支援センター専門職アンケート分析表

20歳代・30歳代							40歳代・50歳代・60歳代						
女	男	計	CM	SW	Ns	他	女	男	計	CM	SW	Ns	他
21	18	39	23	25	4	1	30	1	31	19	4	17	1

（%、（　）内は人数）

全体	公務員がやるべき	自分に合っている	知識が生かされている	責任が重い仕事	不満がある
	66.6（44）	51.5（34）	62.3（43）	98.5（69）	80.8（55）
～30歳	53.8（21）	51.3（19）	55.2（21）	100.（39）	76.3（29）
40歳～	85.1（23）	51.7（15）	70.9（22）	96.7（30）	86.6（26）

全体	疲れが取れない	判断力・集中力減退	話し合う時間がない	希望が持てない
	58.5（41）	46.3（32）	15.7（11）	59.4（41）
～30歳	48.7（19）	44.3（17）	15.3（06）	56.4（22）
40歳～	70.9（22）	48.3（15）	16.1（05）	63.3（19）

現在の仕事は

全体	賃金を得るため	苦しさを耐えてる	楽な仕事に変わりたい	人間的成長も可能	天職と思う
	28.5（20）	32.8（23）	31.4（22）	72.8（51）	7.1（05）
～30歳	30.7（12）	35.8（14）	30.7（12）	66.6（26）	2.5（01）
40歳～	26.8（08）	29.0（09）	32.2（10）	80.6（26）	12.9（04）

転職は考えたか

全体	福祉の仕事から	福祉の仕事の中で	続けるしかない	生きがいと感じる	福祉への使命感
	25.5（18）	27.1（19）	28.5（20）	22.8（16）	41.4（29）
～30歳	28.2（11）	33.3（13）	25.6（10）	30.7（12）	35.8（14）
40歳～	22.5（07）	19.3（06）	32.2（10）	12.9（04）	48.3（15）

全体	自己犠牲として
	18.5（13）
～30歳	17.9（07）
40歳～	19.3（06）

処遇困難ケースは

	納得するまでやる	徹底できない	なるべく避けたい	件数をこなすのに専念
全体	51.4（36）	38.5（27）	11.4（08）	24.2（17）
～30歳	51.2（20）	48.7（19）	12.8（05）	23.0（09）
40歳～	51.6（16）	25.8（08）	09.6（03）	25.0（08）

人材育成に

	自己啓発が必要	意見交換で自己研修	時間がない	十分な研修がない	自分のことで精一杯
全体	82.8（58）	41.4（29）	37.1（26）	41.4（29）	12.8（09）
～30歳	79.4（31）	33.3（13）	46.1（18）	51.2（20）	12.8（05）
40歳～	87.0（27）	53.3（16）	25.8（08）	29.0（09）	12.9（04）

	研修より実践	研修は必要ない	人材の定義が不明
全体	18.5（13）	1.4（01）	7.1（05）
～30歳	12.5（05）	2.5（01）	5.1（02）
40歳～	25.8（08）	0.0（00）	9.6（03）

（注）ＣＭはケアマネージャー，ＳＷは社会福祉士，Ｎｓは看護師・保健師のこと．
（2007年8月，筆者が独自に実施したK市の地域包括支援センター全専門職180名アンケート調査より作成・有効回答者数70名）